La *Galatea* de Cervantes—
cuatrocientos años después

(Cervantes y lo pastoril)

Edited by

JUAN BAUTISTA AVALLE-ARCE

University of California, Santa Barbara

Juan de la Cuesta
Newark, Delaware

c 314679

Contents

La Galatea de Cervantes
cuatrocientos años después
(Cervantes y lo pastoril)

La *Galatea* de Cervantes— cuatrocientos años después

Juan Bautista Avalle-Arce

UANDO ESTE LIBRO-HOMENAJE salga a la calle se habrán cumplido, en forma cabal, los cuatrocientos años desde que salió por primera vez de las beneméritas prensas alcalaínas de Juan Gracián la obra que es objeto de nuestro tributo común. Para publicar su primera obra Cervantes vuelve a su ciudad natal, la de la innovadora Universidad de Alcalá de Henares, donde él había nacido casi cuarenta años antes. Pero no cuarenta años como nos suelen venir de a porrillo, sino absolutamente insólitos, tupidos de aventuras y desventuras, de miserias y azacaneos. Años en los que respiró la libertad de la Italia renacentista a pulmón lleno, y espiró la pérdida de esa libertad desde lo más hondo de unos baños de Argel, baños que con morosa y cuidada reiteración aparecen en sus obras. Había navegado y luchado a todo lo largo del Mediterráneo, en sus costas europeas y en sus costas africanas.

En el año 1580 una serie de azares le devolvió la libertad, y pudo así volver a España. Se siguen unos años oscuros, mal conocidos por los cervantistas, y que apenas si se pueden abocetar. Pero para 1585 sí podemos afirmar que había probado su suerte como dramaturgo (y mal no le fue, hasta que Lope de Vega se alzó con la monarquía del teatro español), y con la misma seguridad decir que cuando salió *La Galatea* Cervantes se había casado, y bien poco antes, con doña Catalina de Palacios Salazar y Vozmediano, dama de Esquivias (Toledo), más rica en linajudos apellidos que en doblones de a cuatro. El matrimonio no tuvo hijos, ni fue feliz; por lo pronto, Cervantes no alude a ella en alguna de sus obras, ni siquiera bajo la forma de poético *Senhal* en ninguna de sus obras, y si en una de sus obras recuerda a Esquivias es para alabar su vino.

Cervantes llevaba cierto tiempo ya dedicado a componer *La Galatea*, como lo testimonia una carta suya a uno de los secretarios reales de Felipe II, y, por fin, todo llegó a feliz término en Alcalá de Henares y en 1585. Al contrario que Lope de Vega, Cervantes compuso sus obras en forma *festina lente*, según declara el lema del famoso cervantista Francisco Rodríguez Marín. Pero, al mismo tiempo, toda la evidencia (muy clara a partir de *La Galatea*) nos demuestra que si bien redactaba sus obras con calma, sin prisas ni atropellos, pronto adquirió el hábito de simultanear la redacción de un par de obras, por lo menos. De todas maneras, la situación personal de Cervantes para el año de 1585 era tal cual queda escorzada. Un nombre que comenzaba a sonar con timidez en las aulas literarias españolas, y que en sus tintineos parecía prometer algo, pero nadie acababa de oir el tintineo, ni podía adivinar qué es lo que se prometía. El primer pago sobre esa carta de libranza, y ya quedó dicho, fue *La Galatea*.

La idea de rendir homenaje a la primera obra cervantina de envergadura no partió de mi, sino de mi buen amigo, colega y fundador de esta colección Juan de la Cuesta, el Professor Thomas A. Lathrop, quien me concedió poderes de mero mixto imperio para preparar este volumen, lo que le agradezco con cordialidad. Algunos buenos amigos acudieron a la cita, y a ellos también van mis cordiales gracias. Otros quisieron y no pudieron, oprimidos por ese sistema de premuras y presiones que constituye el vivir diario universitario. Claro está que yo no puedo ni debo hacerme responsable de los muchísimos aciertos y contadísimos errores que me han enviado mis buenos amigos. *Suum cuique*.

Lo que yo mismo he tenido que decir sobre *La Galatea*, con verosímil novedad y acierto, ya lo he dicho en varias ocasiones y desde hace años. No quiero endilgar al lector, una vez más, afirmaciones mías que podrá leer por todo lo largo en los dos volúmenes de mi edición de *La Galatea* para los Clásicos Castellanos, o bien en mi *Novela pastoril española*. Y en varios lugares más. Pero sí quiero llamar la atención del lector, por si ya no lo ha notado, a la novedad absoluta que representa este libro-homenaje a *La Galatea*, que no es, ni más ni menos que una novela pastoril, aunque restallante de experimentos revolucionarios. Y si insisto en este toque de atención es porque la novela pastoril, como género literario, y la española en particular, ha tenido hasta años bastante recientes, pésima prensa, para acudir a las fórmulas periodísticas de hoy.

El desapego (y me quedo corto al así denominarlo) de la crítica moderna hacia todo lo pastoril lo podemos datar, y con bastante buen tino, con los ataques de Samuel Johnson al *Lycidas* de Milton, hacia mediados del siglo XVIII. Se oyen ya los primeros y lejanos truenos de lo que pronto se convertirá en formidable y horrísona tormenta crítica dirigida contra la "insinceridad" del tema pastoril. Del materialismo al positivismo decimonónicos, todos sumaron sus fuerzas para desatar esta tormenta de condenaciones. Dentro de la historia de la crítica literaria española basta y sobra con recordar los malhumorados estallidos de Marcelino Menéndez Pelayo en el capítulo que dedicó al género en sus *Orígenes de la novela*, o los lamentables ayes de Hugo A. Rennert, en su *The Spanish Pastoral Novel*, que, en ocasiones, lee más como un martirologio que como un libro de crítica literaria. Y todo esto fue en las primeras décadas de este siglo. Gracias a Dios mucha agua ha pasado debajo de los puentes de la crítica literaria desde los años en que dos tan ilustres críticos podían entonar tan injustificadas jeremíadas.

Pero más hacia nuestra época la crítica literaria asciende a nuevas cotas de madurez y amplitud de miras, que, dentro del campo que nos concierne (lo pastoril), podemos cifrar en la obra maestra de don Américo Castro *El pensamiento de Cervantes* (1925), quien declaró allí, en forma paladina y tajante, que "lo pastoril, ideológica y estéticamente, es un tema esencial en Cervantes." No en balde en ese mismo libro don Américo dedicó todo un rico apartado al estudio de "La naturaleza como principio divino e inmanente." Las mismas brisas frescas y renovadoras del ambiente intelectual europeo bien pronto se esparcen por el resto del continente (y aquí puedo ejemplificar con William Empson, *Some Versions of Pastoral* [1935]), y llegan al propio continente americano (y escojo la obra póstuma de Renato Poggioli, *The Oaten Flute* [1975]).

La crítica literaria española ha contribuido ricamente al nuevo justiprecio del género pastoril en el Renacimiento, pero para no andarme por los cerros de Úbeda me limitaré a dar sólo algunos ejemplos, que no guardarán mayor orden de ningún tipo, dirigidos todos, eso sí, al estudio concreto de la novela pastoril. Quizás el nuevo y muy rico ciclo se abra con el estudio pormenorizado de *La Galatea*, precisamente, por Francisco López Estrada (1948). Al mismo querido y admirado amigo debemos la obra monumental, cuyo ciclópeo torso todavía está sin acabar, *Los libros de pastores en la literatura española* (1974). Como análisis comparativo de la novela pastoril en Europa es my valioso el libro de Mia I. Gerhardt, *La Pastorale: Essai d'analyse littéraire* (1959). Como obras generales sobre la novela pastoril española, y aparte de la monumental e incabada monografía de López Estrada, ya mencionada, cabe volver a mencionar mi *Novela pastoril española* (primera ed. 1959; la segunda es la que se debe consultar, y es de 1974). Y tenemos también la compacta y muy útil monografía de Amadeu Solé-Leris, *The Spanish Pastoral Novel* (1980). Los trabajos monográficos comienzan a abundar (*bonum signum*), y sólo destacaré los del P. Michele Ricciardelli sobre la *Arcadia* de Lope de Vega, que no han tenido la circulación que merecen porque fueron publicados en lugar de poco movimiento editorial: Montevideo. Por lo demás, la *Arcadia* de Lope ha sido pulcramente editada por Edwin S. Morby en años recientes (1975).

Todo estudio serio de *La Galatea* debe plantearse, con un mínimo de amplitud, el problema, de rancia prosapia, de los valores de Cervantes como poeta, ya que toda novela pastoril es, sustancialmente, una irregular mezcla de verso y prosa. En nuestro libro-homenaje hemos tenido la buena fortuna de poder incluir el valioso trabajo monográfico de Alberto Sánchez (quien publica los *Anales cervantinos*, además) sobre "Los sonetos de *La Galatea*." A partir de ciertos sobados textos del *Viaje del Parnaso* la crítica no hizo más que seguir ciegamente las indicaciones de aparente desaprecio en que tenía Cervantes a sus versos, y hasta años no muy lejanos era tópico referirse a Cervantes como mal poeta. A mí me da la impresión de que la crítica tradicional no podía avenirse a reconocer a un hombre de letras como buen poeta y buen prosista, todo a la vez. Es un caso análogo, aunque inverso, al de Lope de Vega, cuyos valores como poeta lírico y dramático se ponen siempre por las nubes, mientras que se silencian sistemáticamente sus posibles valores como prosista. Pero aun aquí el revisionismo que caracteriza el principal empuje de la crítica actual se ha puesto en marcha. Testigo excepcional de este tejer y destejer, que es la historia de la crítica literaria, lo constituye la excelente edición de las *Novelas a Marcia Leonarda* de Lope hecha por Francisco Rico (1968), y algún tímido intento mío en la misma dirección.

La revaloración de Cervantes como poeta ha tenido mejor fortuna en nuestro siglo. Descuento los subjetivos y tempranos ditirambos de Ricardo Rojas, precisamente porque su balanza carecía de un fiel crítico. Pero ya en nuestros días hay que destacar la severa imparcialidad de un José Manuel Blecua o la de un Elias L. Rivers, para llegar a la inescapable conclusión de que Cervantes era un buen poeta. Y muy destacados practicantes contemporáneos del verso han reafirmado tal convicción, y así lo refrendan nombres tan ilustres como los de Gerardo Diego, Luis Cernuda y Vicente Gaos.

El estudio de cualquier novela pastoril nos debe plantear, asimismo, una aproximación al italianismo seminal del género, ya que la *Arcadia* de Sannazaro fue su modelo general admitido. Varios trabajos contenidos en este libro-homenaje tocan el tema en forma más o menos tangencial, pero la minuciosa contribución de G. L. Stagg contiene al final una importante llamada a la acción colectiva del cervantismo internacional. Allí nos dice Stagg: "What indeed strikes the investigator above all is the impression of the deep and pervasive influence on Don Quixote's discourse of the Italian treatments. The fact suggests that we should proceed to a thorough re-examination of the Italian elements of Cervantes's culture." Buen toque de atención para nuestro próspero gremio.

Para terminar, quiero destacar dos aspectos más de este sincero y sentido homenaje a *La Galatea* de Cervantes, al cumplirse los cuatrocientos años de su primera impresión. El primero es que nuestro libro ha superado ampliamente toda noción de nacionalismo, que debe ser siempre ajena al desempeño de cualquier honrada empresa intelectual. Ya no son más vagarosos pastores como Elicio y Erastro los que corean el nombre de Galatea, sino talludos críticos internacionales: norteamericanos, anglo-canadienses, españoles, franceses e ingleses. Este solo aspecto debe bastar para que la corneja del *Poema de mio Cid* augure bien a los destinos del cervantismo internacional. Y el segundo aspecto que quiero destacar ahora es el hecho de que todos leeremos con ecuanimidad y afirmación (*amen*), las palabras iniciales del trabajo de Bruno M. Damiani: "Pastoral literature, one of the most attractive vehicles of artistic expression of the Golden Age, reaches new and invigorating heights in *La Galatea*." Tales afirmaciones hubiesen sido totalmente inadmisibles para un Menéndez Pelayo o un Rennert, pero dichas palabras sólo expresan el consenso de la crítica actual.

O sea que este librillo, verdadera pleitesía crítica a *La Galatea* en su cuatrocientos aniversario, debe demostrar la buena salud de que goza el cervantismo internacional, y la madurez que ha alcanzado a través de sus mejores exponentes. Y sobre todo, este libro-homenaje nos debe impulsar a leer, releer, repensar, revalorar, *La Galatea*, esa primeriza novela pastoril que el anciano Cervantes, ya moribundo, prometía acabar, cuando ya se hallaba en su lecho de muerte.

SALAMANCA
Día de San Alejandro Mártir de 1984

Pastoral, Feminism and Dialogue in Cervantes

ELIAS L. RIVERS

I

ON AMÉRICO CASTRO, in *El pensamiento de Cervantes* (Madrid, 1925), rediscovered the significance of the pastoral myth in Cervantes' writings: in his Chapter IV ("La naturaleza como principio divino e inmanente") he devoted one section to the Renaissance concept of the Golden Age and another to the pastoral, making it clear that "lo pastoril, ideológica y estéticamente, es un tema esencial en Cervantes" (p. 190). Castro anticipated in this way the subsequent reevaluation of the pastoral in Anglo-American literary criticism, beginning with William Empson's *Some Versions of Pastoral* in 1935 and culminating with Renato Poggioli's posthumous *The Oaten Flute: Essays on Pastoral Poetry and the Pastoral Ideal* (Cambridge, Massachusetts: Harvard University Press, 1975). Poggioli's book contains only fourteen of the thirty chapters which he had originally planned to write, before his death in 1963, but his first chapter provides a complete preliminary survey of his "thematic outlook" upon the pastoral. And, although he does not cite Castro's book, Cervantes' variations upon the pastoral do occupy a significant segment of Poggioli's panorama.

For Poggioli, the pastoral myth has its "psychological root" in a universally human "double longing after innocence and happiness," a longing to be assuaged, not by rigorous Christian self-sacrifice, but by "wishful thinking" and "daydreams" leading to "moral relaxation and emotional release" (pp. 1-4). But, although not rigorous, the pastoral is a *vía negativa*, rejecting the merchant's money (*negotium*) as well as the farmer's technology and the hunter's bloodshed; a gentle vegetarian frugality, sobriety and humility facilitate the shepherd's innocent life of contemplation and leisure (*otium*), with no sense of sin. Love, or friendship, may lead to a more positive feeling of happiness; but time and death are always in the background, tinging everything with an elegiac melancholy. and not far away is the corruption of urban politics, the violence of war. Within this general framework of ideas, within this mythic world, Cervantes' thought plays a considerable role, especially in four juxtaposed chapters: 7 "The Poetics of the Pastoral"; 8 "The Pastoral of the Self"; 9 "Pastoral and *Soledad*"; and 10 "Naboth's Vineyard: The Pastoral View of the Social Order". Since they provide an independent perspective upon Spanish versions of pastoral, these four essays deserve our special attention.

The literary shepherd was normally a poet or musician providing through "interior duplication" a mirror for the author himself; several of Virgil's eclogues, for example, deal with singing contests between shepherds. And Virgil's self-conscious practice implicitly provided the theoretical norms for classical pastoral poetry. In the Renaissance these norms were made more explicit by sixteenth-century Italian theorists such as Scaliger. Poggioli takes Boileau's rules for the pastoral, in *L'Art poétique*, to be "the most typical and inclusive of all the positive utterances" (p. 154). Conversely, Samuel Johnson's attack on the pastoral, apropos of Milton's *Lycidas*, is typical of a certain modern "realistic" attitude toward the "insincerity" of classical conventions. Between these two extremes Poggioli places Cervantes, who in his *Coloquio de los perros* anticipated Johnson's "debunking" critique, but who had written the *Galatea* and refused to condemn it in the auto-da-fe of Don Quixote's heretical books. And the novel *Don Quixote* of course contains several bucolic episodes. "We must then conclude that Cervantes took an ambivalent attitude toward pastoral literature and that this ambivalence parallels the ambiguity of his outlook toward the chivalric romances..." (p. 164). So much for Poggioli's essay on "The Poetics of the Pastoral", in which Cervantes is the central figure.

In "The Pastoral of the Self" Poggioli attributes major significance to Cervantes' Marcela (Don Quixote I. 12-14) as representing, with Marvell's *The Garden*, a new degree of self-love, anticipating the absolute narcissism of Rousseau. Poggioli often emphasizes masculine predominance within the classical pastoral: shepherdesses and nymphs existed only as the young and beautiful objects of male erotic desire. But in the episode of Marcela and Grisóstomo, Poggioli sees it as highly significant that a woman's pastoral of solitude wins out over a man's pastoral of love. Marcela's female autonomy is clear from the beginning of the story; and she insists that her retreat from love and defense of her honor are not responsible morally for Grisóstomo's suicide. Poggioli takes Marcela's declaration of female independence as a reply to the famous "s'ei piace, ei lice" chorus from Tasso's *Aminta*: she asserts her personal integrity against the male erotic idyll. Marcela is above love (pastoral and even Christian) and above hate, securely self-centered, even misanthropic: she will contemplate nature alone as "the most suitable mirror for reflecting the beauty of her own soul" (p. 174).

"Pastoral and *Soledad*" is an almost exclusively Spanish sequel to Cervantes' Marcela. Poggioli, influenced by Karl Vossler's *Poesie der Einsamkeit in Spanien*, sees Spanish literature as the primary domain of the theme of solitude; though not central to Ancient or Renaissance pastoral, this theme had, he says, widespread medieval roots and a baroque culmination in Spain. Garcilaso's First Eclogue is for him perfectly representative of Ancient and Renaissance solitude as a temporary state of lost or unrequited love; the shepherds' laments are designed to arouse compassion. Montemayor's *Diana* too is a pastoral of love, with an endless chain of compassion and self-pity (*saudade*); Sireno's final freedom from love leads to an empty nostalgia for something lost, but not to solitude as a positive value. For this, a concept of private life in Horatian, not Virgilian, terms was necessary: "Beatus ille qui procul negotiis" is the key to Luis de León's *Vida retirada* and to the "inscape into self-company" (p. 189) of his "Vivir quiero conmigo". But there, at the end of this Spanish ode, Poggioli sees a merging of Horace's epode and Virgil's First Eclogue into a quasi-Christian secular retreat, which paves the way for the *soledades* of Góngora and of Lope de Vega.

In "Naboth's Vineyard: The Pastoral View of the Social Order" Poggioli leads us to realize that the myth of a harmonious Golden Age, far from being a mere escapist fantasy, provided the basis for a sentimental reaction of outrage at injustice, of protest against the proud intrusion of force into the humble world of the meek and mild. Don Quixote's Golden Age speech is in fact a pastoral justification for his chivalric vocation: the corruption of primitive innocence and the advent of private property have made knighthood necessary to restore justice, charity and hope to the oppressed. Similarly, Bartolomé de las Casas saw the American Indians as the sole surviving inhabitants of the Golden Age ("gentes de la Edad Dorada, que tanto por los poetas e los historiadores fue alabada", p. 214), and he therefore protested against the injustice of the Spanish conquest of the New World. This version of the pastoral myth eventually prepared the way, according to Poggioli, for Rousseau's essay on the social contract and origins of human inequality, and for later projects of republican liberty and of socialist equality.

II

Poggioli's broad European perspective should, I think, help Hispanists to understand better the ideological significance of the pastoral in Spain, and especially in Cervantes. Apropos of Marcela, for example, he draws our attention to a feminist tradition characteristic of the Spanish pastoral: within the utopian setting of a pastoral oasis, women may in fact be allowed to speak their minds. An earlier example of this is Camila's criticism of men's unfairness to women, in Garcilaso's Egloga II, lines 823-825:

> Aquéste es de los hombres el oficio:
> tentar el mal, y si es malo el suceso,
> pedir con humildad perdón del vicio.

In these words addressed to Albanio, Camila is saying that men try to take advantage of women sexually: if they fail, they pretend to repent, but presumably, if they succeed, the damage is done, and women are held to blame.

This pastoral debate between the sexes is more fully developed in Montemayor's Diana and in Gil Polo's Diana enamorada. In Book I of the former (ed. F. López Estrada, 1946, pp. 36-39) Silvano and Sireno accuse women of being inconstant and incapable of true love; Selvagia counterattacks with a more eloquent version of Camila's argument:

... Mas con todo esto, creo que no ay más baxo estado en la vida que el de las mugeres; porque si os hablan bien, pensáis que están muertas de amores; si no os hablan, creéis que de alteradas y fantásticas lo hazen; si el recogimiento que tienen no haze a vuestro propósito, tenéislo por ypocresía; no tienen desemboltura que no os parezca demasiada; si callan, dezís que son necias; si hablan, que son pesadas, y que no ay quien las sufra; si os quieren todo lo del mundo, creéis que de malas lo hazen; si os olvidan y se apartan de las ocasiones de ser infamadas, dezís que de inconstantes y poco firmes en un propósito. Assí que no está en más pareceros la muger buena o mala que en acertar ella a no salir jamás de lo que pide vuestra inclinación.

What was implicit in Camila's brief verses is here made fully explicit in Selvagia's rhetorical prose: no matter what women do, men blame them.

In the *Diana enamorada* (ed. R. Ferreres, 1953, pp. 234-246) Belisa sings Florisia's "canción en defensión y alabanza de las mujeres", in 57 *quintillas*, explaining at length how women suffer for their sons and husbands, how ungrateful and unjust men are, how they try to seduce women, how faithful women are, and how men keep intelligent women from studying.

> Y ansí la pastora y dama
> de cualquier modo padesce,
> pues vuestra lengua la llama
> desvergonçada si os ama
> y cruel si os aborresce.
> ... ...
> Y ansí los hombre letrados
> con engañosa cautela,
> sobervios en sus estados,
> por no ser aventajados
> nos destierran de la escuela.

As Ferreres points out in his notes, this war between the sexes can be shown to have roots in earlier scholastic debates about women, as either evil or adorable, engaged in by clerics and courtly lovers; and it continues in the famous *redondillas* ("Hombres necios que acusáis...") by Sor Juana Inés de la Cruz, who had undoubtedly read Gil Polo's *quintillas*. But the more medieval debates, among men, did not try to present women's own point of view, as pastoral poetry and prose did for the first time. Marcela's speech, in *Don Quixote*, clearly grows out of the pastoral tradition of feminism as defined by Garcilaso's Camila, Montemayor's Selvagia, and Gil Polo's Florisia.

It was the utopian nature of pastoral, as explained by Poggioli, which made possible this expression of a feminist point of view. Any literary work bound by the contemporary reality of Spanish society precludes this possibility: women were not permitted to protest against traditional patriarchal repression and/or seduction. But the pastoral fiction, by avoiding any direct reflection of contemporary social reality and by inventing an innocent world of ideal freedom, did permit protest of precisely this sort. And Cervantes, although his attitude toward the pastoral was certainly ambiguous, took advantage of this freedom when he wrote Marcela's eloquent speech.

In his *Galatea* Cervantes had first realized the true novelistic potential of the pastoral oasis: existing outside of historical time and geographical space, this utopian "chronotope" provided a new framework for dialogue and debate. That novel begins with the gentle counterpoint of two voices, those of Elicio and Erastro; although in love with the same woman (a situation which could only lead to bloodshed according to the possessive conventions of Spanish society), these two voices not only tolerate one another, but reach a high level of mutual comprehension. The debates in the *Galatea* are neo-Platonic dialogues concerning the nature of love: four characters, for example, describe the suffering caused by death, jealousy, absence and rejection, and a judge declares that the jealous lover is the one who suffers most. The great debate for and against love, between Tirsi and Lenio, takes place in Book IV; scholars have shown how Cervantes here projects into novelistic characters ideas and positions debated more abstractly by Italian theorists of love.

What we notice in all these speeches, from Tirsi's and Lenio's to Marcela's, is their highly rhetorical construction: they are Ciceronian orations which, despite their "residual oralism", remind us more of classical and medieval romances than of the authentic give-and-take found in Plato's own dialogue and in the modern novel. The interaction of voices in true dialogue, anticipated in the *Celestina* and the *Lazarillo*, reaches its fullest development in the conversations between Don Quixote and Sancho Panza.

III

Luis Andrés Murillo, in *The Golden Dial: Temporal Configuration in Don Quijote* (Oxford: Dolphin, 1975), has drawn attention to the peculiar mixture of different novelistic "chronotopes" observable in Cervantes' masterpiece. In addition to an "exemplary" chronology anticipating the mechanistic realism of the nineteenth-century novel, there are substantial traces of a mythic time which Murillo associates with the gods of eternal summer: the summer of Part I is presented as taking place "hardly one month" earlier than the springtime with which Part II begins; and the sequence of Part II, from spring to late summer and back to mid-summer, makes even more obvious the static nature of time in a world not unrelated to the pastoral utopia. This is the time-space that permits endless leisure for the conversations of Don Quixote and Sancho Panza.

Murillo was also one of the first readers of Cervantes to realize how centrally important dialogue was for the novelistic invention of *Don Quixote*. Yet in his 1978 *Bibliografía fundamental*, under the heading of "diálogo", he could list only four items. Since 1978 at least three important new items concerning Cervantine dialogue have appeared.[1] But, even more important, four essays on the novel by M. M. Bakhtin have at last been published in English: *The Dialogic Imagination*, edited by M. Holquist (Austin: University of Texas Press, 1981). One of these essays is devoted to the analysis of time and space in the novel (whence the term "chronotope," earlier appropriated in this essay of mine); the other three essays concern dialogue, or "heteroglossia", in novelistic discourse.

[1] See L. A. Murillo, *Don Quijote de la Mancha: Bibliografía fundamental*, vol. 3: (Madrid: Castalia, 1978), p. 105; the four items are a brief 1916 essay by Ortega and one article each by E. Huerta (1947), by Murillo himself (1954), and by M. Criado del Val (1955-6). Murillo might well have included also S. Gilman's "Cervantes en la obra de Mark Twain" (*Homenaje a Cervantes*, [Madrid: Insula, 1947], pp. 207-22) because of its subtitle: "Hacia una teoría del diálogo novelístico."

Since 1978 at least three significant new items have appeared: C. Guillén, "Cervantes y la dialéctica: o el diálogo inacabado," *Les Cultures ibériques en devenir: Essais publiés en hommage à la mémoire de Marcel Bataillon (1895-1977)* (Paris: Fondation Singer-Polignac, 1979), pp. 631-645; A. Close, "Characterization and Dialogue in Cervantes's *comedias en prosa*," *Modern Language Review*, 76 (1981), 338-356; and P. Jauralde Pou, "Los diálogos del Quijote: raíces e interpretación histórica," *Instituto de Bachillerato Cervantes: Miscelánea en su cincuentenario, 1931-1981* (Madrid: Ministerio de Educación y Ciencia, 1982), pp. 181-193.

In my opinion, we must take into account Bakhtin's linguistic and literary insights in order to read Cervantes' novels
more adequately. For Bakhtin, Saussure's concept of *langue* is a
falsification of sociolinguistic reality: for him there is no central
stable code, except perhaps as a poetic or elitist fiction ("mono-
glossia"); there is only a competing set of socially stratifying
dialects and individual voices ("heteroglossia"). The novelist is a
linguistic artist who is able to recreate this competition in his
text: the narrator's voice is in dialogue with an implicit reader
and with each of the characters' voices, and these with each
other. To be in dialogue, according to Bakhtin, one center of
consciousness, as it enunciates, builds upon the languages that
it has heard in the past and also anticipates the heteroglossic
response of its interlocutor(s). There is no single code or
unidirectional message, but a complex of mutual interferences,
open to the future.

Bakhtin mentions Cervantes and *Don Quixote* frequently in
order to illustrate his theory of the novel. Let us take as an
example the following paragraph (p. 384):

> Cervantes excelled in describing encounters between a
> discourse made respectable by the romance and vulgar dis-
> course—in situations fundamental in both novels and life. In
> *Don Quixote* the internally polemical orientation of "respect-
> able" discourse vis-à-vis heteroglossia unfolds in novelistic
> dialogues with Sancho, with other representatives of the
> heteroglot and coarse realities of life and in the movement of
> the novel's plot as well. The internal dialogic potential em-
> bedded in respectable discourse is thus actualized and
> brought to the surface—in dialogues and in plot movement—
> but, like every authentic manifestation of the dialogic prin-
> ciple in language, it does not exhaust itself completely in
> them, and is not resolved dramatically.

Don Quixote's "respectable" discourse, his Ciceronian prose
about knights errant, is contaminated by the presence of Sancho's peasant vulgarity, which Don Quixote tries to correct in a
schoolmasterly way; conversely, Sancho acquires his master's
style and uses it to try to master him. But their dialogues are
not in fact violent skirmishes in a vulgar Marxist class struggle,
but rather a subtle and open-ended interplay of social points of
view, each containing the other. Within a pastoral chronotope,

in which master and servant can talk to one another freely, without the inhibiting interference of urban voices, Sancho Panza and Don Quixote discuss such questions as whether a knight is better than a saint, and their dialogue becomes the paradigm of novelistic discourse.

In conclusion, we have seen how pastoral utopianism provides free space for feminine voices to express in Spanish their own suppressed points of view. Beside the dusty roads of Spain a less utopian landscape provides Don Quixote and Sancho Panza with a similar space in which to explore for us the basic social functions of dialogue. Unlike Celestina and Melibea, or Lazarillo and the Squire, these two new voices do not constantly manipulate one another under the urban pressures of *negotium*: they converse at leisure in pastoral insulation from society, and from the demands of a tightly constructed plot.

SUNY AT STONY BROOK

Los sonetos de
La Galatea

ALBERTO SÁNCHEZ

CERVANTES SONETISTA

UY DEBATIDA HA sido siempre la considera-
ción de Cervantes como poeta lírico, des-
orientada quizá por la concurrencia de los
adversos e interesados juicios de sus contemporáneos.

Pero la crítica del siglo XX—Ricardo Rojas, José Manuel Blecua, Elias L. Rivers,
Adriana Lewis de Galanes—en coincidente armonía con los
sazonados criterios de cuatro destacados poetas de nuestros
días—Gerardo Diego, Luis Cernuda, Ramón de Garciasol y
Vicente Gaos—han ido aclarando la cuestión. En su virtud, se
impone hoy la revisión de afirmaciones rutinarias, mediante el
estudio serio y ponderado de la creación poética cervantina.[1]

Blecua propuso con gran sensatez segregar las composiciones cervantinas incluidas en las novelas y comedias, para analizar su calidad literaria con rigor e independencia. No limitarse al
estudio de las llamadas "poesías sueltas." E hizo un recorrido
crítico de conjunto muy estimable a través de la poesía cervantina.[2]

En esta línea, Andrés Amorós estudió "Los poemas del *Quijote*," todos ellos diestramente engarzados en una situación o

---

[1] Un somero avance sobre el estado actual de la cuestión se encontrará
en el ensayo de Alberto Sánchez, "Cervantes poeta," *Álamo*, revista de poesía dirigida por Juan Ruiz Peña, nº 7 (Salamanca, 1966); revisado y ampliado
más tarde en *El ingenioso Hidalgo*, nº 38, págs. 27-53 (Madrid, 1973)

[2] Vid. Joseph M. Claube [J. M. Blecua], "La poesía lírica de Cervantes,"
Cuadernos de Insula, I. Homenaje a Cervantes. Madrid, 1947, pp. 151-87.

ambiente particular de la historia.[3] Precisamente, la acertada selección poética de Fitzmaurice Kelly y Trend, *The Oxford Book of Spanish Verse* ofrece un soneto de Cervantes, con el cronológico número 98: es el de Cardenio ensalzando la "santa amistad" (*Don Quijote*, I, 27).[4]

Pero en el caso de *La Galatea*, la obra cervantina que contiene mayor cantidad de poemas (nada menos que 77) y de valor muy dispar, no están conformes los estudiososo al apreciar su auténtico sentido. Diríamos su función estética o estructural en la composición de la obra. ¿Son poemas intercambiables entre sí, no engranados íntimamente en el relato pastoril? ¿Es *La Galatea* un cancionero cervantino revestido de narración bucólica?

Para Casalduero, la respuesta es concluyente: la mezcla de prosa y verso—*prosimetrum* en la terminología medieval—caracteriza a la obra y a los personajes, en la huella de la *Arcadia* de Sannazaro. Pone al descubierto "la íntima necesidad de que el ritmo de la prosa va a dar al de la poesía; o al revés, que sea el ritmo poético el que desemboque en el cauce de la prosa... De todas maneras lo que es inaceptable y absurdo es imaginar que el género mixto era una manera cómoda de reunir unas cuantas poesías."[5]

Dejando aparte el problema de la estructura y composición interna de *La Galatea*, mi propósito de hoy es continuar en la determinación de las cualidades poéticas de Cervantes a través de los sonetos de la obra, que alcanzan más de una cuarta parte del copioso acervo poético de esta "égloga," si consideramos al soneto en su entidad de poema autónomo.

Sabido es que Cervantes, fervoroso seguidor de las musas ("Desde mis tiernos años amé el arte/dulce de la agradable poesía," dice en el *Viaje del Parnaso*, IV; o "la inclinación que a la poesía siempre he tenido," en el prólogo de *La Galatea*) cultivó siempre con preferencia los *sonetos*, entre las composiciones cultas de origen italiano, difundidas en el Renacimiento; y el *romance*, si nos atenemos a la tradición popular castellana del

---

[3] Cfr. Andrés Amorós, "Los poemas del Quijote," *Cervantes, su obra y su mundo. Actas del I Congreso Internacional sobre Cervantes*. Madrid, Edi-6 S.A., 1981, págs. 707-15.

[4] Vid. *The Oxford Book of Spanish Verse, 13th Century-20th Century*. Chosen by James Fitzmaurice Kelly... and J. B. Trend. Oxford, Clarendon Press, 1945, pág. 149.

[5] Vid. Joaquín Casalduero, "La Galatea," *Suma Cervantina*, editada por J. B. Avalle-Arce y E. C. Riley (London, Tamesis, 1973, pág. 35).

octosílabo predominantemente trocaico. (Por cierto que en *La Galatea*, tan pródiga en composiciones poéticas, faltan por completo los romances, como ya se sabe).

En el mismo *Viaje del Parnaso* se puntualizan las dos aficiones con sendos ejemplos bien calificados:

> Yo el soneto compuse que así empieza,
> por honra principal de mis escritos:
> *Voto a Dios que me espanta esta grandeza.*
> Yo he compuesto romances infinitos,
> y el de *Los celos* es aquel que estimo,
> entre otros, que los tengo por malditos.
>
> (Cap. IV, vv. 37-42)

Rodríguez Marín pensaba que Cervantes debió de contribuir "a la mayor vulgarización del soneto en España... desde que hizo exclamar a un soldado (¿él mismo?), contemplando el soberbio túmulo erigido para las honras de Felipe II en la iglesia catedral de Sevilla" el *Voto a Dios que me espanta esta grandeza*, el repetidísimo soneto con estrambote, preferido por Cervantes.[6]

Es un soneto de humor, emparentado muy estrechamente con el de "Un valentón de espátula y gregüesco," elegido por Sánchez de Enciso, entusiasta aunque algo superficial exaltador de Cervantes como sonetista, en un apresurado y caprichoso florilegio del soneto español.[7]

Lo cierto es que el nombre de Cervantes cuenta en la historia de esta estrofa poemática y así lo han puesto de relieve los estudios especializados de Walter Mönch y Harald Weinrich.[8]

En la ceñida colección de sonetos españoles del Siglo de Oro, elegidos y estudiados por Weinrich, se destaca el primoroso de *La gitanilla*, que comienza "Cuando Preciosa el panderete toca"; y se compara la "cordura loca" de la gentil rapaza, en el segundo cuarteto, con lo de "loco cuerdo" o "loco que tiraba a cuerdo," según pensaba el Caballero del Verde Gabán respecto del recién llamado Caballero de los Leones (*Don Quijote*, II, 17). Blecua nos

---

[6] Vid. Francisco Rodríguez Marín, *Sonetos sonetiles*, "Ajenos y propios..." Madrid, 1941, págs. 33-34.

[7] Cfr. M. Sánchez de Enciso, *El soneto en España. La lira de Castilla al itálico modo.* (Orígenes, transplantación y antología del Soneto), Madrid, Ed. Mundo Latino, 1917.

[8] Cfr. Walter Mönch, *Das Sonett. Gestalt und Geschichte.* Heidelberg, F. H. Kerle Verlag, 1955. Y Harald Weinrich, ed., *Spanische Sonette des Siglo de oro. Zur vergleichenden Interpretation.* Tübingen, Max Niemeyer Verlag, 1961, pág. 48.

recuerda que este soneto fue escogido por el exigente Juan Ramón Jiménez en su "rara selección de sonetos publicada en la colección *Jardinillos*."[9]

A mi juicio, este soneto condensa lapidaria y libremente el contenido de un romance muy popular de la misma novela cervantina ("Gitanica que de hermosa / te pueden dar parabienes-,/ por lo que de piedra tienes / te llama el mundo Preciosa...")

No puede negarse la inmensa fortuna que acompañará a tan simpático personaje, que pervive hasta nuestro tiempo en el soneto alejandrino de Rubén Darío, *La gitanilla*, de *Prosas profanas*, y recibe el homenaje lírico de García Lorca en la segunda composición del *Romancero gitano*. Aquí el endecasílabo inicial cervantino—"Cuando Preciosa el panderete toca—" se quiebra ágilmente en los dos octosílabos iniciales, revestidos de transparente metáfora moderna: "Su luna de pergamino / Preciosa tocando viene..."

Ricardo Rojas, el más ferviente de los apologistas de la poesía cervantina, insiste en el valor de algunos sonetos de Cervantes, entre los que incluye, además de los dos últimos señalados, el que cierra la primera jornada de la comedia de *La gran sultana doña Catalina de Oviedo*:

> A ti me vuelvo, gran señor, que alzaste,
> a costa de tu sangre y de tu vida,
> la mísera de Adán primer caída,
> y adonde él nos perdió, tú nos cobraste...

Desgajado del contexto dramático, Rojas le da el título de *oración cristiana* y lo considera como un soneto fácil e irreprochable, con valor de sentida plegaria transida de emoción y vida espiritual.[10] Casalduero considera esencial esta composición para "penetrar en la comedia, cuyo tema no puede ser otro que el del pecado original," cifrado en los catorce versos de la estrofa. Esta poesía condensa y simboliza plenamente la elevada intención del dramaturgo.[11]

También son notables los sonetos del *Persiles*, la novela póstuma de Cervantes, sobre todo el dedicado a Roma (libro IV, 3); o el que comienza con un endecasílabo trimembre, "Mar sesgo,

---

[9] Vid artículo citado en la nota 2, pág. 180.
[10] Cfr. Ricardo Rojas, *Cervantes*. Buenos Aires, Ed. Losada, 1948, p. 73-4.
[11] Cfr. Joaquín Casalduero, *Sentido y forma del teatro de Cervantes*. (Madrid, Ed. Aguilar, 1951, págs. 138-39). Nueva edición en editorial Gredos.

viento largo, estrella clara" (I, 9)—que Gerardo Diego aprecia como "el verso memorable y de larga estela, el verso de gran estilo, el inequívoco de gran poeta, el que ni por casualidad puede cazar el poeta vulgar en la lotería de las palabras como dados al aire."[12]

No se le puede negar a Cervantes la calidad de gran sonetista. Su carrera poética empieza en los sonetos de circunstancias con motivo de la muerte de Isabel de Valois (1568): "Serenísima reina en quien se halla/lo que Dios pudo dar a un ser humano" y "Aquí el valor de la española tierra;/aquí la flor de la francesa gente..." Los dos de neta inspiración garcilasiana, como ha observado Rivers.[13] Este *curriculum* poético podemos decir que termina en el tono solemnemente religioso del último soneto del *Persiles*, ya mencionado: "¡Oh grande, oh poderosa, oh sacrosanta/alma ciudad de Roma!"

En medio, lucen con vario fulgor los sonetos de *La Galatea* y de *Don Quijote*, los de las *Novelas Ejemplares* y de las comedias, o los dispersos como poesías sueltas. Casi todos han merecido una atención más o menos intensa, pero no se ha ponderado la significación peculiar que puedan tener los de *La Galatea*, primera obra extensa de Cervantes y la que contiene mayor número de sonetos. Así considerada, la novela pastoril cervantina puede ofrecernos el brillante adiestramiento del autor en un relevante marco poético.

El soneto como estrofa cerrada y rigurosa puede ser motivo de "reelaboración ingeniosa y de ejercicio técnico," según la aguda observación de Navarro Tomás. Y no menos de tres variedades del soneto clásico son ilustradas en su repertorio estrófico mediante ejemplos de Cervantes: el "soneto de cabo roto" de *La entretenida* (fin de la 2ª jornada), el "dialogado" de los caballos Babieca y Rocinante en los preliminares del primer *Quijote*, y el citado "soneto con estrambote," *Voto a Dios que me espanta esta grandeza.*[14]

Tampoco puede negarse la muy alta consideración que tenía Cervantes por los sonetos de exquisita factura. Bastaría recordar aquel terceto del *Viaje del Parnaso*, cuando nos describe la

[12] Vid. Gerardo Diego, "Cervantes y la poesía," *RFE*, 32, (1948), p. 220-21.

[13] Vid. Elías L. Rivers, "*Viaje del Parnaso* y poesías sueltas," *Suma Cervantina*, ya citada, pág. 123.

[14] Consúltese el *Repertorio de estrofas españolas* de Tomás Navarro. (New York, Las Americas Publishing Co., 1968, pp. 181 y ss.)

hermosa galera que había de conducir a los poetas españoles "desde el claro Tajo hasta Pactolo," toda hecha de combinaciones poéticas de arte mayor o menor:

> La popa, de *materia extraordinaria,*
> bastarda, y de *legítimos sonetos,*
> de *labor peregrina en todo y varia.*[15]

Con lo cual participaba en la común opinión de poetas y preceptistas del Siglo de Oro. Sírvanos de referencia documental la doctrina establecida por Francisco Cascales al cierre y como coronación de sus *Tablas poéticas* (Murcia, 1617). Empieza con respeto y unción religiosa: "La poesía más común que hoy tiene España, y aun toda la Cristiandad, señor Pierio, es el soneto. El docto y el indocto, quienquiera, se atreve a poner las manos en el sagrado soneto, sin creer que por ello el que no está ordenado del divino Apolo queda irregular y excomulgado *ipso iure.*"

Sigue con una definición, glosada luego con morosa complacencia: "El soneto es una composición grave y gallarda de un solo concepto, tratada con cierto y determinado número de versos . . ."

De acuerdo con los nuevos usos barrocos, se pide al soneto que sea "dulce, ingenioso y agudo." Termina la homilía estética en demanda de otros varios requisitos, alguno de ellos no muy grato al libre espíritu de Cervantes, que bien sabemos había prescindido de ligaduras demasiado estrechas:

> En fin, ha de ser el soneto como los demás poemas, claro e inteligible, porque la oscuridad es viciosa cuando procede de ser el verso intrincado y mal dispuesto; que si está oscuro por ser alto el pensamiento o por encerrar alguna doctrina no común, tal oscuridad de ningún modo se debe vituperar.
> La última parte de la difinición es que el soneto tiene cierto género de versos limitados. Cosa bien sabida es que el soneto sea de catorce versos, contenidos en dos cuartetos y dos tercetos en varias maneras, como consta de mil ejemplos. Otros se hallan que exceden este número; aunque poco recebidos, ni los condeno, ni los apruebo. Déjolos a la discreción de cada uno. Lo que sé decir es que nunca Petrarca se atrevió a hacerlos, y esto me basta para no seguirlos . . . [16]

15 Vid. Cervantes, *Viaje del Parnaso,* cap. I, versos 253-255.
16 Vid. Francisco Cascales, *Tablas Poéticas.* Edición, introducción y notas de Benito Brancaforte. Madrid, Espasa-Calpe, 1975, Col. Clásicos Castellanos, nº 207, págs. 250-53.

Por lo que atañe a la última advertencia, conviene traer a cuento el gracioso símil de Gerardo Diego al recordar la afición de Cervantes al estrambote como "la verdadera tangente por la que se escapa de la jaula sonetil" y encarna el poeta rebelde a los "barnices de la profesión retórica."[17]

La veneración por el soneto no había de eclipsarse después del Siglo de Oro. Boileau en su *Art Poétique* (1671) afirmaba que "un sonnet sans défaut vaut seul un long poème." Y en nuestros días podemos leer el brioso panegírico de Dámaso Alonso, *Permanencia del soneto*, en la presentación de los apasionados sonetos de Vicente Gaos (1919-1981) en el libro *Arcángel de mi noche*.[18]

Distribución de sonetos en *La Galatea*

Como ya señaló Francisco López Estrada, en su luminoso estudio crítico sobre *La Galatea*, son 21 los sonetos incluidos en esta obra cervantina, más dos de Francisco de Figueroa, de los que solamente se citan los versos iniciales.[19] Y, prescindiendo, naturalmente de los tres sonetos preliminares, compuestos por Luis Gálvez de Montalvo, don Luis Vargas Manrique y López Maldonado, al uso nuncupatorio de la época.

Según ya hemos anticipado, es la obra de Cervantes que contiene más sonetos, seguida por el *Quijote*, donde se reúnen dieciséis.

Su distribución a través de los seis libros de *La Galatea* ofrece curiosas alternativas: surgen modestamente en los libros 1º (tres sonetos) y 2º (cinco), desaparecen casi en el 3º (uno solamente y bien disimulado), no hay ninguno en el 4º y se concentran en los dos últimos libros, de tal modo que el 5º cuenta hasta ocho y el 6º, cuatro.

Diríamos que el eje central de la obra prescinde de ellos, mientras que el tramo final—por cierto, el más abundante en versos—sobrepasa la mitad del conjunto y entre ellos figuran, posiblemente, los sonetos más logrados artísticamente. Como si la constancia en la labor redundara en beneficio del arte.

[17] Vid. Gerardo Diego, art. cit. en la nota 12.

[18] Vid. Dámaso Alonso, "Permanencia del soneto," *Ensayos sobre poesía española* (Madrid, Ed. Revista de Occidente, 1944, págs. 395-401) y *Poetas españoles contemporáneos* (Madrid, Gredos, 1952, p. 390-96). También figura como prólogo en las *Poesías Completas* de Vicente Gaos (Madrid, Ediciones Giner, 1959, págs. 9-15).

[19] Vid. Francisco López Estrada, *La Galatea de Cervantes. Estudio crítico*. La Laguna de Tenerife, Secretariado de Publicaciones de la Universidad, 1948, pág. 153.

Soneto de Galatea

El primer soneto de la obra es el que canta la pastora protagonista en el libro 1º, en desdeñosa respuesta a los requerimien-
tos amorosos de Elicio y Erastro, y mientras guía su ganado
hacia el arroyo de las Palmas:

Afuera el fuego, el lazo, el hielo y flecha
de amor, que abrasa, aprieta, enfría y hiere;
que tal llama mi alma no la quiere,
ni queda de tal nudo satisfecha.

Consuma, ciña, hiele, mate, estrecha
tenga otra (la) voluntad cuando quisiere;
que por dardo, o por nieve, o red no espere
tener la mía en su calor deshecha.

Su fuego enfriará mi casto intento,
el ñudo romperé por fuerza o arte,
la nieve deshará mi ardiente celo,

la flecha embotará mi pensamiento;
y así, no temeré en segura parte
de amor el fuego, el lazo, el dardo, el yelo.[20]

Nos encontramos ante uno de los ejemplos cualificados del
artificio correlativo en la tradición petrarquista, bien estudiado
por Dámaso Alonso en este soneto y en otros muchos casos.
Para Walter Mönch, este soneto representa un verdadero *tour de
force* en su correlación cuatrimembre. En cuanto a Dámaso
Alonso, investigador del tema cardinal de este soneto—las
metáforas de las armas y de los daños del amor—a través de la
poesía italiana y de la española, se compadece de la técnica cervantina al incorporarse tardíamente a una línea de creciente
complicación a lo largo del siglo XVI: "el *pobre* Cervantes se
afana en llevarla a lo largo del soneto, pero no lo hace sin
muchas roturas. No cabe duda de que, cuarenta años antes, la
técnica de Veniero era mucho mejor."[21]

[20] Vid. Cervantes, *La Galatea.* ed. de J. B. Avalle-Arce en Clásicos Castellanos, núms. 154-55 (Madrid, Espasa-Calpe, 1961, tomo I, pág. 57). Todas
las citas que hagamos en lo sucesivo de la novela pastoril cervantina se
refieren a esta edición, que hemos cotejado con la de Schevill-Bonilla
(Madrid, 1914, I, p. 44). Un buen estudio de *La Galatea* es el de J. B. Avalle-
Arce en *La novela pastoril española* (Madrid, Ed. Revista de Occidente, 1959, 1ª
ed., págs. 197-217).
[21] Vid. Dámaso Alonso y Carlos Bousoño, *Seis calas en la expresión literaria
española (Prosa - Poesía - Teatro).* Madrid, Ed. Gredos, págs. 79-111 ("Un aspecto

Pero esas *roturas* de la correlación cuatrimembre, ¿no podrían ser señales, una vez más, del espíritu independiente de Cervantes, aun sometiéndose a esquemas tan estrictos?

Francisco López Estrada señala otra variante de esta correlación tetramembre de imágenes para simbolizar las armas y daños del amor, en la primera de las octavas que Cervantes dirigió en 1579 "Al señor Antonio Veneziano," poeta siciliano, en alabanza de su amada Celia:

> Si el lazo, el fuego, el dardo, el puro yelo
> que os tiene, abrasa, hiere y pone fría
> vuestra alma, trae su origen desde el cielo,
> ya que os aprieta, enciende, mata, enfría:
> ¿qué nudo, llama, llaga, nieve o celo
> ciñe, arde, traspasa o yela hoy día,
> con tan alta ocasión como aquí muestro,
> un tierno pecho, Antonio, como el vuestro?

A lo que puede añadirse la canción de Elicio, con que se abre el libro 1º de *La Galatea*, donde se repiten las armas del amor—red, fuego, lazo y saeta (o flecha)—en asedio del cantor enamorado, que no encuentra alivio "en monte, en prado, en llano, en río."

María Caterina Ruta, en su edición crítica de las *Octavas* de Cervantes a Veneziano, añade otro nuevo acorde en este juego metafórico de los daños de Cupido, unido ahora a la redundancia, en la canción de Lenio (*Gal.*, 1.4º):

> Amor es *fuego* que consume el alma,
> *hielo* que hiela, *flecha* que abre el pecho
> *rayo* que adonde toca abrasa y hiende...[22]

Y muchas cosas más: *yugo* que humilla, *red* engañosa, *cuchillo* que nos hiere... Cervantes se recrea con virtuosismo verbal en el tópico de los males del amor, de honda raíz petrarquista.

Si bien, en esta última composición se enlaza el tema de los daños con la definición del amor como reunión de contrarios y concentración de antítesis, sistema de añejas resonancias en nuestras letras:

del petrarquismo: la correlación poética"), en relación con Dámaso Alonso, "Versos plurimembres y poemas correlativos: capítulo para la Estilística del Siglo de Oro," *Revista de la Biblioteca, Archivo y Museo*, del Ayuntamiento de Madrid, XIII, 1944, nº 49, págs. 89-191.

[22] Vid. Maria Caterina Ruta, *Le ottave di Cervantes per Antonio Veneziano e Celia*. Estratto dal "Bolletino" del Centro di Studi filologici e linguistici siciliani, XIV. Palermo, 1979, 17 págs.

Mudo, hablador, parlero que enmudece,
cuerdo que desatina,
pura total ruina
de la más concertada alegre vida,
sombra de bien en males convertida,
vuelo que nos levanta hasta la esfera,
para que en la caída
quede vivo el pesar y el gusto muera...

Esta serie de opuestos nos puede conducir a un famosísimo soneto de Lope de Vega, de barroco dinamismo acumulador:

Sucumbir, atreverse, estar furioso,
áspero, tierno, liberal, esquivo,
alentado, mortal, difunto, vivo,
leal, traidor, cobarde y animoso...

O al de Quevedo, más intenso y seguro, al definir el amor como síntesis de todas las contrariedades y antítesis vital del mundo:

Es hielo abrasador, es fuego helado,
es herida que duele y no se siente,
es un soñado bien, un mal presente,
es un breve descanso muy cansado...

Incluso el endecasílabo final cervantino, *Este es amor. ¡Seguidle si os parece!*—resulta curiosamente cercano al epifonema del soneto de Lope: *esto es amor: quien lo probó lo sabe.*

A una misma casuística amorosa se refieren los tres sonetos del primer libro de *La Galatea*: el epónimo de la pastora titular, ya singularizado en su correlación tetramembre, y los de Lenio y Florisa.

Lenio carga el acento sobre los sinsabores que acarrea "esta quimera antigua celebrada" que todos llaman *amor*:

Un vano, descuidado pensamiento,
una loca, altanera fantasía,
un no sé qué, que la memoria cría,
sin ser, sin calidad, sin fundamento...

Florisa quiere ser más imparcial ante las divergentes opiniones de quienes se manifiestan a favor o en contra de esta pasión universal. Pero prefiere dedicarse sencillamente al ejercicio pastoril en un estilizado *locus amoenus*—"en el cerrado bosque y verde prado"—, evitando el cuidado o la cuita amorosa, en una decisión de resonancia evangélica:

Sé bien que son de amor los escogidos
tan pocos, como muchos los llamados.

Todo esto quizá nos suene hoy a ejercicios de retórica y poética en torno al pie forzado de las penas de amor. Pero no se puede negar en ellos la soltura y habilidad cervantinas en el concierto general del tópico, ni pensar en la falta de adecuación de tales conceptos en el ámbito de la novela pastoril.

Las huellas de Figueroa y Herrera

En el libro 2º de *La Galatea* figuran cinco sonetos. Uno, aislado, el de Teolinda; y en serie acordada los de Erastro, Elicio, Damón y Tirsi.[23] En el amplio intervalo del primero a los otros cuatro, se intercalan los comienzos de dos sonetos y una canción de Francisco de Figueroa, por quien Cervantes sentía especial afición. Gerardo Diego compara a Cervantes con Figueroa como "poeta igual, perfecto, retórico, elegantísimo, pero frío y opaco."

Francisco de Figueroa fue apellidado *el Divino* por sus contemporáneos—como también lo fueron Garcilaso y Herrera, trinidad poética predilecta de Cervantes—; era de Alcalá de Henares, la patria del autor de *La Galatea*, aparecida allí en su edición *princeps* (1585). En opinión de José Ricardo Morales, "le cabe la iniciación de un camino netamente español en el soneto, sobrio en la forma y de un contenido cercano al hondamente característico de Quevedo." Para Felipe B. Pedraza, Figueroa es un buen poeta preterido, al que debemos contar entre "las voces de tono más personal dentro del petrarquismo español."[24]

El tema de la esperanza nutrida en la fe amorosa enlaza el soneto de Teolinda ("Sabido he por mi mal adonde llega/la cruda fuerza de un notorio engaño") con los dos de Figueroa, mencionados por Cervantes solamente por sus primeros versos: "¡Ay de cuán ricas esperanzas vengo/al deseo más pobre y encogido," más "La amarillez y la flaqueza mía," seguidos del endecasílabo inicial de una canción del mismo autor ("Sale el aurora y

---

[23] Vid. Cervantes, *La Galatea*, ed. cit. Avalle-Arce cit., I, págs. 104 y 119-21.

[24] Cfr. Felipe B. Pedraza y Milagros Rodríguez, *Manual de literatura Española. II, Renacimiento*. Tafalla (Navarra), Edics. Cénlit, 1980, págs. 427-29.

de su fértil manto"). Se atribuyen al "famoso Tirsi," con lo cual resulta evidente que este personaje bucólico debe identificarse con el poeta alcalaíno Francisco de Figueroa, según se nos previene en el mismo prólogo de La *Galatea*, "novela de clave," como otras del género: "muchos de los disfrazados pastores della lo eran sólo en el hábito."

Schevill y Bonilla dan el texto completo en las notas de su edición de La *Galatea*; corresponden estos versos a los sonetos XXXI y el "lindísimo" XXVII de Figueroa, según la edición de Lisboa de 1625. La canción que comienza "Sale el aurora y de su fértil manto," del mismo autor, hace referencia al amor pleno, conseguido y venturoso,[25] en rígido contraste con el sublimado platonismo amoroso de Erastro que no espera de Galatea sino que se contente de que él la quiera, como afirma en su diálogo con Tirsi y otros "pastores de las riberas de Tajo."

Después el mismo Erastro inicia en un soneto el tema tradicional de la *belle dame sans merci*, repitiendo en verso lo que antes había proclamado en prosa:

¡Oh clara luz, oh rayos del sol claro,
antes el mesmo sol! De vos *espero*
sólo que consintáis que Erastro os quiera.

Es un soneto de clara inspiración herreriana, donde la luz, insistentemente evocada, es el símbolo supremo de la amada inasequible:

Ante la luz de unos serenos ojos
que al sol dan luz con que da luz al suelo,
mi alma así se enciende, que recelo
que presto tendrán muerte sus despojos.

Con la luz se conciertan los manojos
de aquellos rayos del señor de Delo:
tales son los cabellos de quien suelo
adorar su beldad puesto de hinojos.

Fernando de Herrera invoca una y otra vez a su amada doña Leonor con los apelativos de luz, estrella, Heliodora (o dones del sol), etc. Entre los varios sonetos que podrían aducirse, quizá más encendidos y fogosos que los cervantinos, traeremos aquí

---

[25] El texto de esta canción y su historia, tan brillante como accidentada en las sirtes de una censura cicatera, puede verse en las notas de Schevill-Bonilla a su edición de La *Galatea*, ya citada (Madrid, 1914, I, págs. 246-50).

el primer cuarteto y el terceto final del que parece más cercano a la re-creación cervantina, tanto en sus metáforas (luz - sol - rayos - cabellos) como en el lamento dolorido ante el desdén de la adorada beldad:

Rojo Sol, que con hacha luminosa
cobras el purpúreo y alto cielo
¿hallaste tal belleza en todo el suelo
que iguale a mi serena Luz dichosa?

Sol puro, Aura, Luna, llamas de oro
¿oístes vos mis penas nunca usadas?
¿vistes Luz más ingrata a mis querellas?[26]

Siguen al de Erastro los tres sonetos de los pastores que le escuchan: Elicio, Damón y Tirsi. Elicio y Damón abundan en imprecaciones desgarradas contra la "enemiga bella" y tientan de nuevo el artificio correlativo. Quizá el soneto de Damón resulte el más conseguido:

Más blando fui que no la blanda cera
cuando imprimí en mi alma la figura
de la bella Amarili, esquiva y dura
cual duro mármol o silvestre fiera...

Se completa la tetralogía sonetil con la intervención de Tirsi, "al son de los instrumentos de los tres pastores," como para recoger el consenso unánime que se consuela en la pura visión del ser amado:

Todo *este bien nació de sólo verte,*
hermosa Fili, oh Fili!, a quien el hado
dotó de un ser tan raro y estremado,
que en risa el llanto, el mal en bien convierte.
así ante tu hermosísima presencia
la muerte huye, el daño se retira,
y deja en su lugar vida y provecho.

Es la apoteosis de un idealismo erótico, desinteresado y contemplativo. Claro que ahora los versos del fingido Tirsi proceden del numen cervantino y se alinean en el platonismo esencial de la obra.

---

[26] Cfr. *Poesía sevillana en la Edad de Oro.* Edición, prólogo y notas de Alberto Sánchez. Madrid, Ediciones Castilla, 1948, pág. 97.

Intermedio de los celos

En el libro 3º solamente encontramos un soneto y bien disimulado dentro de una prolongada égloga de cuatro pastores (Orompo, Marsilio, Crisio y Orfenio), representada como gran espectáculo para honrar las bodas de Daranio (fabuloso anticipo de las de Camacho en el *Quijote*).

Se trata de una égloga dentro de la égloga general, escuchada por los invitados en un "sosegado y maravilloso silencio" (siempre añorado por el trajinero Cervantes).[27]

Las rimadas quejas de cada pastor establecen una competencia poética o *debate* para discriminar "los disgustos y sinsabores que el amor trae consigo": ¿cuál es el más agudo? Orompo lamenta la *muerte* del ser amado; Crisio, la *ausencia*; Marsilio, la ingratitud y el *desdén*; Orfenio, los *celos*. "Desdenes, celos y ausencia" matan la esperanza en el trimembre ovillejo de Cardenio (Don Quijote, I, 27).

La métrica es muy variada: desde la arcaica copla de arte mayor o de Juan de Mena, con sus dodecasílabos de cuatro acentos rítmicos, hasta la dinámica lira renacentista, los graves tercetos, las octavas italianas, o los ágiles octosílabos en redondillas y quintillas dobles. Un verdadero alarde de virtuosismo estrófico.

El motivo de los celos—tema recurrente en los libros de Cervantes—cuaja en el soneto de Orfenio:

> ¡Oh sombra escura que contino sigues
> a mi confusa triste fantasía;
> enfadosa tiniebla, siempre fría,
> que a mi contento y a mi luz persigues!
>
> ¿Cuándo será que tu rigor mitigues,
> monstruo cruel y rigurosa harpía?
> ¿Qué ganas en turbarme la alegría,
> o qué bien en quitármele consigues?
>
> Mas si la condición de que te arreas
> se estiende a pretender quitar la vida
> al que te dio la tuya y te ha engendrado,

---

[27] Compárese con el "maravilloso silencio" de la casa de don Diego de Miranda (*Don Quijote*, 2ª, XVIII). Cfr. Alberto Sánchez, "El Caballero del Verde Gabán," *Anales Cervantinos*, IX, 1963, págs. 169-201.

no me debe admirar que de mí seas
y de todo mi bien fiero homicida,
sino de verme vivo en tal estado.

Pese al contenido patético, la composición resulta desigual, borrosa y desmazalada. Claro que algo más allá nos advierte el mismo Orfenio "que no está en la elegancia / y modo de decir el fundamento / y principal sustancia / del verdadero cuento, / que en la pura verdad tiene su asiento." Pensamiento muy cervantino, que tal vez se anticipa a la afirmación de que "las coplas de los pasados caballeros tienen más de espíritu que de primor" (*Don Quijote*, I, 23).

Como árbitro del debate pastoril, el discreto Damón dictamina que nada fatiga tanto al enamorado pecho como la "incurable pestilencia de los celos." Y a la vuelta de un prolijo discurso, establece su parecer inequívoco: "Orfenio es el más penado, pero no el más enamorado, porque no son los celos señales de mucho amor, sino de mucha *curiosidad impertinente*; y si son señales de amor, es como la calentura en el hombre enfermo, que el tenerla es señal de tener vida, pero vida enferma y mal dispuesta, y así el enamorado celoso tiene amor, mas es amor enfermo y mal acondicionado."[28] Queda caracterizado este pastor por su morbosa pasión y en adelante cualquier referencia le identificará como el "celoso Orfenio." Rima su nombre en asonante con el de Anselmo, el *curioso impertinente* del *Quijote* (I, 33-35), definitiva encarnación del psicópata celoso.

Ya hemos dicho que el siguiente libro 4º de *La Galatea* no contiene soneto alguno. Por tanto, el aislado soneto de Orfenio, en el centro de la obra, viene a significar un moroso intermedio acerca de los celos, ampliamente glosado en prosa por el discurso de Damón, que anuncia un tema de larga trayectoria en toda la creación cervantina.

PLURALIDAD CONCÉNTRICA

En el 5º y penúltimo libro de *La Galatea* se suman y concentran nada menos que ocho sonetos, más de la tercera parte del total. Pero no se trata de una pluralidad gratuita, azarosa y des-

---

[28] J. B. Avalle-Arce, en su libro *Nuevos deslindes cervantinos* (Barcelona, Ariel, 1975) establece la secuencia de la frase subrayada con el tema central de la novela de El Curioso Impertinente, intercalada en el *Quijote* de 1605 (Vid. cap. V, "El cuento de los dos amigos," págs. 153 y ss.)

conexa, puesto que sus versos pueden congregarse en dos grupos simétricos de cuatro sonetos cada uno. Como dos cuadrigas de corceles apuestos y piafantes, pero atentos a la voz que las guía.

El primer conjunto lo forman los sonetos de Lauso, Silerio (I), Damón y Erastro; cantan incertidumbres y contrariedades, aunque también favores anejos al trato amoroso. Son frecuentes en ellos las reminiscencias de Garcilaso de la Vega.[29]

El primero, "estimado por bueno" con cierto optimismo, solemniza el regalo de un anillo, hecho por su dama a Lauso, para evitar sospechas malignas:

> ¡Rica y dichosa prenda que adornaste
> el precioso marfil, la nieve pura!
> ¡Prenda que de la muerte y sombra escura
> a nueva luz y vida me tornaste!

El de Silerio (I) es un trasunto bien decoroso del celebrado soneto X de Garcilaso

> ¡Oh dulces prendas por mi mal halladas
> dulces y alegres cuando Dios quería!
> Juntas estáis en la memoria mía
> y con ella en mi muerte conjuradas.
>
> ¿Quién me dijera, cuando en las pasadas
> horas en tanto bien por vos me vía,
> que me habíades de ser en algún día
> con tan grave dolor representadas?
> Ligeras horas del ligero tiempo,
> para mí perezosas y cansadas:
> si no estáis en mi daño conjuradas,
> parézcaos ya que es de acabarme tiempo... (Silerio, I)

También el soneto de Erastro ("Por ásperos caminos voy siguiendo") tiene recuerdos del VI de Garcilaso ("Por ásperos caminos he llegado") y de los de Herrera anhelante de la fugitiva luz:

> Mi fe es la luz que me señala el puerto
> seguro a mi tormenta, y sola es ella
> quien promete buen fin a mi viaje...

[29] Cfr. José Manuel Blecua, "Garcilaso y Cervantes," _Cuadernos de Ínsula, I Homenaje a Cervantes_ (Madrid, 1947, págs. 141-50).

Quizá el mejor de estos cuatro y uno de los mejores de *La Galatea* sea el de Damón, que celebra la inestabilidad de las dichas y desdichas humanas y termina con una sentencia italiana muy repetida por nuestros escritores del Siglo de Oro:

Si el áspero furor del mar airado
por largo tiempo en su rigor durase,
mal se podría hallar quien entregase
su flaca nave al piélago alterado.

No permanece siempre en un estado
el bien ni el mal, que el uno y otro vase;
porque si huyese el bien y el mal quedase
ya sería el mundo a confusión tornado.

La noche al día y el calor al frío,
la flor al fruto van en seguimiento,
formando de contrarios igual tela.

La sujeción se cambia en señorío,
en placer el pesar, la gloria en viento,
chè per tal variar natura è bella.[30]

La segunda tetralogía de sonetos del libro 5º va más seguida, casi encadenada, y corresponde a Timbrio, Silerio (II), Nísida y Blanca. En el desenlace feliz de un relato de aventuras, donde triunfan el amor y la amistad. Los cuatro sonetos aparecen signados por la esperanza y la felicidad del amor logrado y perfecto. Diríamos que es una acción de gracias a cuatro voces; con la particularidad de que la inicial, de Timbrio, repite el primer cuarteto por haber iniciado su recitación en otro contexto, después del mencionado soneto de Damón, y quedar interrumpida por el reconocimiento y abrazo de su fiel amigo Silerio. Nos limitaremos a transcribir el repetido cuarteto inicial:

Tan bien fundada tengo la esperanza
que, aunque más sople riguroso viento,
no podrá desdecir de su cimiento:
tal fe, tal suerte y tal valor alcanza.

Por cierto que al encabezar la nueva tetralogía de sonetos, gloriosamente optimistas, el cuarto endecasílabo cambia en *fuerza* la *suerte* del segundo elemento de la trimembración, seguramente para acentuar la nota.

[30] Vid. *La Galatea*, ed. Schevill-Bonilla, II, págs. 110 y 288-89.

El nuevo soneto de Silerio (II), "Gracias al cielo doy, pues he escapado/de los peligros de este mar incierto" también se aproxima a otro de Garcilaso ("Gracias al cielo doy que ya del cuello-/del todo el grave yugo he sacudido"). Pero la suave melancolía garcilasiana queda aquí muy lejos de la euforia cervantina:

> Beso la tierra, reverencio al cielo,
> mi suerte abrazo mejorada y buena,
> llamo dichoso a mi fatal destino,
>
> y a la nueva sin par blanda cadena,
> con nuevo intento y amoroso celo,
> el lastimado cuello alegre inclino.

Por último, tras de los sonetos de los dos amigos Timbrio y Silerio, cantan los suyos las dos hermanas Nísida y Blanca. Pasadas ya las amarguras, Nísida concluye con alborozo "que es más el gusto de mi alegre vida." Y lo confirma Blanca en los gozosos tercetos del risueño desenlace.

PLENITUD

El libro 6º y último de *La Galatea* es el que contiene mayor número de versos. Baste considerar que allí se incluye el *Canto de Calíope* en octavas reales con la mención laudatoria de cien poetas españoles, desde Alonso de Leiva a Francisco de Figueroa, el pastor *Tirsi* de la égloga cervantina. También hay tercetos, glosas y buen repertorio de versos menores en diferentes combinaciones estróficas.

De nuevo el soneto está presente aquí con cuatro ejemplos estimables; uno de ellos quizá sea el mejor de la obra y muy destacable entre todos los cervantinos. Es como si el autor hubiera alcanzado cierta madurez e incluso plenitud tras la demorada ejercitación de las páginas anteriores.

Surgen primero los sonetos de Galatea y Nísida en secuencia inmediata y relacionados entre sí.[31] Este soneto de Galatea— "Tanto cuanto el amor convida y llama"—, bien lejos del artificio correlativo que presentaba el de su aparición al comienzo de la fábula, es llano y hasta desmayado, a pesar del vibrante principio moral con que termina:

> mas si el querer y el no querer da mengua,
> ¿en qué ejercicios pasará la vida
> la que más que al vivir la honra estima?

31 Vid. *La Galatea*, ed. Avalle-Arce, II, págs. 237-8.

Por su parte, el soneto de Nísida ("Bien puse yo valor a la defensa/del duro encuentro y amoroso asalto") prosigue la misma argumentación para cerrarla mediante una prosaica expresión jurídica que pone de relieve lo arbitrario y superfluo del consejo en cuestiones amorosas:

Ansí, que para huir el vencimiento,
consejos jamás fueron de provecho:
desta verdad testigo soy de vista.

Más importancia tienen los dos sonetos restantes: el de Gelasia, quizá la cumbre poética de *La Galatea*, a que antes aludíamos, y el de Elicio de notable conceptismo erótico.[32]

La "cruel y desamorada" Gelasia (o mujer de hielo), sentada en lo alto de una peña que domina el río, nos canta su soneto, himno compendiado a la naturaleza y a la libertad.

¿Quién dejará del verde prado umbroso
las frescas yerbas y las frescas fuentes?
¿Quién de seguir con pasos diligentes
la suelta liebre o jabalí cerdoso?

¿Quién, con el son amigo y sonoroso,
no detendrá las aves inocentes?
¿Quién en las horas de la siesta ardientes,
no buscará en las selvas el reposo,

por seguir los incendios, los temores,
los celos, iras, rabias, muertes, penas
del falso amor, que tanto aflige al mundo?

Del campo son y han sido mis amores;
rosas son y jazmines mis cadenas;
libre nací y en libertad me fundo.

La estructura sencilla y recurrente de los dos cuartetos y el primer terceto se resuelve en cuatro aserciones entusiastas, formuladas en interrogaciones retóricas de valor afirmativo. Y el remate, según Blecua, es "uno de los mejores tercetos de toda la poesía española."[33]

Su epifonema, que bien pudiéramos considerar como lema vital cervantino ("libre nací y en libertad me fundo") será reasumido y amplificado, veinte años después por la pastora Marcela

---

[32] Vid. op. cit., II, págs. 266-7 y 282.
[33] Vid. Joseph M. Claube (Blecua), "La poesía lírica de Cervantes," *Cuad. Ínsula, I, Hom. Cervantes*, pág. 170.

desde semejante y rústico pedestal; "Yo nací libre y para poder vivir libre escogí la soledad de los campos . . . " (*Don Quijote*, I, 14).

En las páginas finales de *La Galatea* encontramos otro bello soneto de Elicio, que vuelve con la imagen del mar y la borrasca amorosa, precursora de la calma, en la línea del soneto de Damón que hemos aplaudido en el libro 5º ("Si el áspero furor del mar airado") El primer cuarteto en el soneto de Elicio es menos afortunado en su más sencilla elocución de un tema análogo:

> Si deste herviente mar y golfo insano,
> donde tanto amenaza la tormenta,
> libro la vida de tan dura afrenta
> y toco el suelo venturoso y sano...

Podemos contrastar que el primer soneto de la obra era de Galatea y el último es de Elicio, a quienes podríamos definir como la frustrada pareja protagonista de una novela pastoril inacabada (sinfonía incompleta), pues en la 2ª Parte, prometida siempre y nunca realizada, hubiéramos contemplado "el fin deste amoroso cuento."

CONCLUSIÓN

Al analizar los sonetos de *La Galatea* como introducción al estudio de la creación cervantina en sus prometedores comienzos, hemos destacado cuatro o cinco que podrían figurar por derecho propio en la antología más exigente de la poesía española. Bastarían, por lo menos, para concederle el título de buen poeta que tantos escritores y críticos le han negado.

Por supuesto, la poesía cervantina apreciada es más conceptual que sensitiva (como nunca dejaría de serlo), pero no le falta destreza formal ni facilidad de composición, aunque sí el talante sumiso de doblegarse ante ciertos cánones. Estos sonetos no son elementos decorativos graciosamente intercambiables. Todos ellos se insertan con naturalidad en la trama ideológica y en la estructura cerrada de la novela pastoril.

En fin, el contenido temático de estos sonetos nos anticipa algunas de las claves axiales del pensamiento cervantino. Presentan como esquejes y esbozos que habrán de ser completados más adelante. Realzan así la unidad artística en el contexto general de los libros de Cervantes.

Los pastores del teatro cervantino: tres avatares de una Arcadia precaria

JEAN CANAVAGGIO

OSAS SOÑADAS y bien escritas para el entrete-nimiento de los ociosos, y no verdad al-guna": esto que nos dice Berganza de las fábulas pastoriles, en una frase a menudo citada, suele enfocarse con razón desde dos perspectivas complementarias. Por un lado, esta opinión de un perro sabio que se en-frenta con una Arcadia al revés—pastores empeñados en robar y engañar al señor del rebaño—condensa un proceso reflexivo que rebasa la mera condena de un género inverosímil: desde la atalaya de su propia experiencia, Berganza, en efecto, se com-place en contrastar dos estilizaciones antitéticas de lo pastoril, cuyos ángulos se agudizan antes de embotarse. Por otro lado, en tanto que repentina suspensión del vaivén entre Poesía e Historia, esta peripecia bucólica dentro de la ficción del *Coloquio* se inserta a su vez en la trayectoria de la narrativa cervantina, vertebrada por aquel movimiento pendular entre Vida y Litera-tura que se puede comprobar desde *La Galatea* hasta los episo-dios arcádicos del *Quijote*.[1]

[1] V. Américo Castro, *El pensamiento de Cervantes*, reed. Barcelona, 1972, pág. 36-37; J. B. Avalle-Arce, *La novela pastoril española*, Madrid, 1959, pág. 222-25; E. C. Riley, *Teoría de la novela en Cervantes*, Madrid, 1966, pág. 271-72; M. Molho, Intr. a Cervantes, *El casamiento engañoso y coloquio de los perros*, Paris, 1970, pág. 24-27; R. Poggioli, *The Oaten Flute*, Harvard Univ. Press, 1973, pág. 160-64.

En este mismo cruce de crítica y creación viene a situarse la otra vertiente de la pastoral cervantina, la del teatro. Campo generalmente ignorado y, por cierto, mucho más reducido, no por eso carece de interés. Primero, por abarcar tres comedias—*La casa de los celos, El laberinto de amor* y *Los baños de Argel*—cuya redacción se remonta tal vez al primer período madrileño del autor (1581-87), pero que, a fin de cuentas, se incluyeron en el volumen que dio a la imprenta un año antes de su muerte: como tales, tres ejemplos de una labor que se desarrolló conforme iba profundizando Cervantes su reflexión sobre el mito pastoril.[2] Además, por plasmar en el escenario todo lo contrario de un mundo cerrado, concluso, autosuficiente: una ficción pastoril asentada en un complejo acervo de tradiciones e incorporada a una acción múltiple, según procedimientos que varían cada vez. Por último, por tratarse de tres fábulas representables —si no representadas—lo cual supone una peculiar relación del público con el mito pastoril: distinta de la que establece Berganza desde su enfoque, distinta también de la que suele mantener cualquier lector de una ficción en prosa. En estos supuestos comunes estriban, pues, las tres estampas arcádicas que vamos a examinar ahora, como otros tantos avatares de un mundo precario que nos queda por deslindar.[3]

*
*   *

Por los motivos que aúna y las secuencias que concatena, la acción pastoril de *La casa de los celos* es, sin lugar a dudas, la que mayor complejidad ofrece. En el mismo centro de este mundo abreviado nos conviene colocarnos, para hacer resaltar su coherencia propia y su específica configuración.[4]

[2] Sobre la fecha de composición de estas tres obras, v. nuestro *Cervantès dramaturge: un théâtre à naître*, Paris, 1977, pág. 21-22.

[3] Sobre los pastores del teatro cervantino, además de las breves consideraciones de J. A. Tamayo ("Los pastores de Cervantes", *RFE*, 32 (1948), pág. 396-98), merecen destacarse las observaciones dispersas de F. López Estrada, J. Casalduero, Maxime Chevalier y Ma S. Carrasco Urgoiti, cuyos respectivos estudios se referirán en adelante. Nuestras citas de textos dramáticos cervantinos remiten a la ed. de F. Ynduráin, *Obras dramáticas de Cervantes*, BAE, 156, Madrid, 1966.

[4] V. F. López Estrada, *Estudio de "La Galatea" de Cervantes*, La Laguna, 1948, pág. 77-78; Maxime Chevalier, *L'Arioste en Espagne. Recherches sur l'influence du "Roland furieux"*, Bordeaux, 1966, pág. 441-42. También pueden consultarse, sobre el particular, J. Casalduero, *Sentido y forma del teatro de Cervantes*, Madrid, 1966, pág. 60 sq., y J. Canavaggio, *Cervantès dramaturge*, pág. 106-108.

A primera vista, la Arcadia que se nos aparece al empezar la jornada segunda, se rige por los mismos criterios de la pastoral clásica, cuyos tópicos se acumulan en el breve espacio de la secuencia inicial. Dentro del consabido lugar ameno ("verde prado," "verdes sauces," "mirto umbroso," "sombra fresca") que se perfila a través de las acotaciones y del diálogo (p. 81a-b), Clori, Lauso y Corinto, "pastores cortesanos," protagonizan un caso de amor más bien convencional: la pasión de Lauso por Clori corre pareja con el desdén que le reserva su hermosa compañera, en tanto que Corinto cumple el papel de amigo y confidente del "pastor doliente." La conversación refinada que mantienen los tres, las ocupaciones musicales a las que se dedican,[5] las indirectas con que van salpicando el diálogo[6] corroboran el sabor tradicional de esta Arcadia de remoto abolengo virgiliano, escondida en lo más hondo de una Ardenia cargada, por su parte, de reminiscencias ariostescas (pp. 81a-83b): una Arcadia cuya irrealidad culmina al aparecer "la diosa Venus en un carro de fuego tirado por leones," en tanto que "el dios Cupido" asoma a su vez en una nube, "al son de música de chirimías." (pp. 90b-91a)

Ahora bien, como ocurre a menudo en Cervantes, la referencia tradicional no implica aquí servilismo; es más bien estímulo de una libre reinterpretación de los tópicos consagrados, pronto evidenciada al aclarársenos los motivos del desdén de Clori. Más que bella indiferente, ésta resulta ser zagala de sal en la mollera que, a los conceptos trasnochados de Lauso, contrapone los atractivos concretos de su rival, el rico ganadero Rústico (p. 83a). Aun cuando semejante preferencia venga a

---

[5] Así el villancico de Clori, trastrocado acto seguido por Lauso y Corinto (pág. 82a-b); así también el soneto de Lauso que abre la jornada tercera, obra de claro sesgo petrarquesco que Cervantes volverá a engastar en la novela de *El Curioso impertinente* (*Don Quijote de la Mancha*, Ia Parte, cap. 34). Sobre la fortuna de este soneto, v. Schevill-Bonilla, ed. de Cervantes, *Comedias y entremeses*, t. I, Madrid, 1915, pág. 369; F. Rodríguez Marín, ed. de Cervantes, *Don Quijote de la Mancha*, t. III, Madrid, 1947, pág. 70 n.5 y 71 n.9; Joseph G. Fucilla, *Estudios sobre el Petrarquismo en España*, Madrid, 1960, pág. 177.

[6] Entre otros ejemplos, la invectiva de Lauso contra Clori ("¡O Clori, para mi serpiente fiera!", pág. 81b) remeda evidentemente las quejas de Salicio, en la Egloga Primera de Garcilaso ("¡O más dura que mármol a mis quejas, Galatea!", v. 57). Sobre la huella de este verso en la obra de Cervantes, v. J. M. Blecua, "Garcilaso y Cervantes", *Sobre poesía de la Edad de Oro*, Madrid, 1973, pág. 153.

remozar el clásico debate del Amor y el Interés,[7] asume aquí
una función relevante, al revelar el imperio que, sobre el senti-
miento amoroso, ha venido a ejercer el dinero y el mundo de las
fuerzas sociales.[8] De esta forma, Clori se perfila como mujer, si
bien criticable en la elección que hace, al menos más conse-
cuente en su actitud que la clásica "pastora desamorada." Al dis-
tanciarse del estereotipo un tanto abstracto de la bucólica
convencional, abre aquel camino que nos llevará hasta otro destino en desfase con las normas de la pastoral ortodoxa, el de la
enigmática Marcela de la Primera Parte del *Quijote*.[9]

Este primer desajuste se confirma y amplía en cuanto asoma
a las tablas aquel venturoso Rústico, cuyo retrato traza Corinto
con fruición no exenta de sarcasmo:

> Dime, Clori gentil: ¿do está el robusto,
> el bronze, el roble, el mármol, leño o tronco
> que assí a tu gusto le ha venido al justo?
> Por aquel, digo, desarmado y bronco,
> calçado de la frente y de pies ancho,
> corto de zancas y de pecho ronco,
> cuyo dios es el estendido pancho,
> y a do tiene la crápula su estancia,
> él tiene siempre su manida y rancho (pág. 82b).

A raíz de la aparición de esta figura discordante, el episodio iniciado por las quejas de Lauso se convierte en un "paso" de notable sabor folklórico, quedando el recién llegado dos veces
burlado por sus compañeros.[10] En el contraste que se da así

---

[7] *La Galatea*, Libro IV, pass.; *Don Quijote de la Mancha*, IIa Parte, cap. 19-20.
Sobre la boga del tema en el teatro prelopesco (desde la *Comedia Tibalda*), v. J.
P. W. Crawford, *The Spanish Pastoral Drama*, Philadelphia, 1915, pág. 87-88, y
F. López Estrada, *Los Libros de pastores en la literatura española*, Madrid, 1975, t. I,
pág. 234 sq. Sobre su pervivencia en el teatro de Lope, v. N. Salomon,
Recherches sur le thème paysan dans la "comedia" au temps de Lope de Vega, Bordeaux,
1965, pág. 747-54. Sobre su refracción en la lírica tradicional, v. E. M. Tor-
ner, *Lírica hispánica*, Madrid, 1966, n. 89, pág. 158-60.

[8] V. J. Casalduero, *op. cit.*, pág. 75.

[9] V. J. B. Avalle-Arce, "Grisóstomo y Marcela," *Nuevos deslindes cervantinos*,
Barcelona, 1975, págs. 89-116; Javier Herrero, "Arcadia's Inferno: Cervantes' attack on pastoral," *BHS*, 55 (1978), pág. 289-99.

[10] Primero, al comprar a precio alto un supuesto papagayo cuya voz
Corinto se divierte en imitar (pág. 84a-86b); luego, al dejarse estrangular
por el mismo pastor, quien le aseguró que gozaría de este modo de una voz
de oro (pág. 100a-101b). Sobre el carácter tradicional de la primera de estas
burlas, y su entronque con el *Memorial de un pleito*, de Gonzalo Correas, v.
Cervantès dramaturge, p. 131, n. 47.

entre "pastor fino" y "pastor bobo" se comprueba un entronque que se observa ya en la dramática peninsular anterior, desde Encina a Lope de Rueda, en tanto que las peripecias cómicas a las que da lugar desarrollan motivos ya elaborados por los primitivos del teatro castellano.[11] Sin embargo, el Rústico cervantino no se deja asimilar a sus antecedentes: lejos de limitarse a ser el tonto engañado por un tracista, se sale finalmente con las suyas, asumiendo sin complejo su peculiar condición y conservando su papel de amante correspondido. Con un empaque que no comparten sus pálidos congéneres de la pastoral italo-clásica, se revela diligente en sus faenas, capaz de ejercer su autoridad frente a sus servidores. Liberal en su trato con los demás, acaba por convertirse en auténtico monarca de su diminuto reino (p. 83b). Y, si bien la misma Clori se divierte con las burlas que padece y hasta lo proclama "simple" a la vista de todos (p. 86b), no por eso deja de reservarle sus favores.[12] Por muy cínica que nos parezca Clori en sus motivaciones, merece destacarse su incorporación a una geórgica de sesgo semiburlesco, aun cuando ésta no llegue a desembocar en la Arcadia al revés del *Coloquio de los Perros*.

Contrariamente a Rústico, que persevera en su ser a despecho de sus sinsabores, son los pastores cortesanos los que, poco a poco, se deshacen de sus atributos, conforme se va alterando la bucólica que protagonizaron al empezar el episodio. Ciertos rasgos significativos señalan este progresivo alejarse de la Arcadia bosquejada inicialmente. Primero, la modulación específica de sus cantares que, con la única excepción de un soneto de Lauso a Clori, constan de coplas y villancicos acompañados con guitarra y que encajan en los moldes de la lírica peninsular tra-

---

[11] V. las referencias aducidas en *Cervantès dramaturge*, p. 106-107. Sobre las raíces folklóricas del "pastor bobo," v. Maxime Chevalier, "Réflexions sur le personnage du berger dans le théâtre pré-lopesque," en *Le Genre pastoral en Europe du XVe au XVIIe siècle*, Actes du Colloque international de Saint-Étienne, Saint-Étienne, 1980, p. 71-75; sobre su fortuna en el teatro del siglo XVI, v. Brotherton, *The "pastor-bobo" in the Spanish theatre before the time of Lope de Vega*, London, 1975.

[12] Al manifestar sus preferencias por Rústico, Clori se vale de un dicho tradicional: "Calla, que por aquello que me sirves, más sabes que trescientos Salomones" (pág. 86b). Una variante de este dicho puede encontrarse en *Don Quijote*, I, 25. No ha de exagerarse el recuerdo de *La Diana* de Montemayor y de la figura del pastor Delio en la génesis del Rústico cervantino, a pesar de lo sugerido por S. Zimic (V. "Algunas observaciones sobre *La Casa de los Celos* de Cervantes," *Hispanófila* (49) 1973, p. 55, n. 14).

dicional.[13] Después, la transformación de Lauso y Corinto en auténticos tracistas, con motivo de las burlas que arman a costa de Rústico: esta transformación no es incompatible con la función que desempeña el segundo; pero, cabe confesarle, no se aviene en absoluto con la "amorosa dolencia" del primero. Más adelante, al aparecer Venus y Cupido en la selva, la forma peculiar que reviste el homenaje que les tributan los pastores: una manera de representación navideña, según observa con acierto Joaquín Casalduero, que, a pesar de incorporar la mitología a la acción, termina con una castiza "bienvenida" (pág. 93a), más cercana a los cantares que rematan las églogas de un Encina que a las invocaciones a los dioses paganos que se pueden hallar en Sannazaro o Garcilaso.[14] Por último, la secuencia en la que Corinto, tras haberse ofrecido a proteger a Angélica, perseguida por sus amantes, huye en cuanto Reynaldos asoma al escenario (págs. 102b y 112b). Por la mezcla de fanfarronería y cobardía que lo caracteriza, Corinto, tal como se nos aparece al final del episodio, ya no tiene nada que ver con el pastor arcádico que pudo ser en un primer momento.

No extraña, por lo tanto, que esta pastoral impura llegue a disolverse en una fábula caballeresca también tratada de modo irónico, pero que, a pesar de todo, conserva hasta el desenlace una mayor *vis comica*. Reducción un tanto inesperada, puesto que fue el mito pastoril el que primero estuvo a punto de absorber al mito caballeresco, al refugiarse Angélica, "mudada de trage," entre los pastores (pág. 87b). El disfraz bucólico de la hija del rey de Catay, el "canticio" que va cantando con Clori, "con vozes claras e yguales" (págs. 99b-100a), parecieron dar clara muestra de esta subversión.[15] Pero la súbita reaparición de Rey-

[13] En especial, el villancico de Clori "Derramaste el agua, la niña" (pág. 82a), el cantar de la misma "Bien haya quien hizo/cadenitas, cadenas" (pág. 99b), y el de Corinto "Corrido va el abad/por el cañaveral" (pág. 101a). V. E. M. Torner, *Lírica hispanica*, n. 146, pág. 246, y n. 238, pág. 392; J. M. Alín, *Cancionero español de tipo tradicional*, Madrid, 1968, n. 661 y 813.

[14] Casalduero, *op.cit.*, pág. 64. Sobre este tipo de cantar, de probable sabor arcaico, ya a principios del siglo XVII, v. J. F. Montesinos, *Estudios sobre Lope*, Madrid, 1966, pág. 186, n. 139; Salomon, *Recherches sur le thème paysan*, pág. 732-37. Sobre el entronque entre mitología y pastoral, tal como se da en Encina y Rueda, v. *Cervantès dramaturge*, págs. 110 y 134 n. 79.

[15] Otra forma de subversión de lo caballeresco por lo pastoril es la la que nos ofrece, en Ariosto, el episodio arcádico de los amores de Angélica y Medoro, tema de un famoso romance de Góngora ("En un pastoral albergue"). V. *Orlando Furioso*, XIX, 31-36.

naldos, el sobresalto de Angélica que, abandonando a sus nuevos amigos, vuelve a correr por la Ardenia, revelan que aquello tan sólo ha sido una breve peripecia. En su último encuentro, Reynaldos y Corinto realizan de manera expresiva un baciyélmico contraste de la representación ideal de la belleza femenina con su contrafigura burlesca (pág. 102a-b); tal contraste, apuntado hace años por Américo Castro,[16] conlleva a fin de cuentas la liquidación de una Arcadia cuyo último testigo, a la par que se ofrece a facilitar la huida de Angélica, a cambio de dinero, va soltando baladronadas que desentonan con el pastoril decoro:

> Aunque me ves deste pelo,
> soy marinero de casta,
> y nado como un atún,
> y descubro como un lince,
> y trabajo más que quinze,
> y más que veynte y aun. (pág. 112b)

La vergonzosa desaparición de este pícaro palabrero viene a ser rica de sentido; evidencia la fundamental oquedad de una bucólica sometida a la prueba de los hechos, aun cuando fuera el embate de un mundo caballeresco ordenado en torno a los espejismos de una casa de los celos. En cuanto el pastor doliente sale al teatro del mundo, se disuelve en aquellas "razones melifluas," aquellos "dichos, aunque agudos, siempre vanos," puestos en tela de juicio por Clori (pág. 83a). Incapaz de sustentarse por sí misma, la acción pastoril, según recalca el propio Cupido, no tiene más remedio que permanecer suspendida en un eterno e incierto presente.[17] Proponiendo algo sin concluir nada, sortea los escollos del artificio para acabar despeñándose por la pendiente de lo burlesco.

Comedia de enredo, por no decir de capa y espada, *El laberinto de amor* reserva al elemento pastoril un papel mucho más limitado, pero que, sin embargo, merece examinarse en relación con el que se le concedió en *La casa de los celos*.

Su introducción se verifica en la jornada primera, al aparecer Julia y Porcia "en hábito de pastorcillos, con pellicos" (pág.

16 *El pensamiento de Cervantes*, pág. 38.
17 "Tú, Lauso, jamás serás / desechado ni admitido; / tú, Corinto, da al oluido / tu pretensión desde oy mas; / Rústico, mientras tuuiere / riquezas, tendrá contento; / mudará cada momento / Clori el bien que posseyere; / la pastora disfraçada / suplicará a quien la ruega. / Y esto dicho, el fin se llega / de dar fin a esta jornada." (pág. 93a)

300a). El vestido así mencionado basta, pues, por sí solo para incorporar la bucólica a la acción; pero siendo mujeres las que lo llevan, se patentiza en seguida su carácter de disfraz. El diálogo que entablan las dos jovencitas, aprovechando su soledad, nos aclara las razones de semejante transformación; si se pusieron estos pellicos, fue para huir del palacio del duque de Dorlán, padre de Julia y tío de Porcia, y correr el mundo en busca de Manfredo y Anastasio, sus respectivos galanes. La condición pastoril aquí aludida ya no es, como antes, sello distintivo dictado por los requisitos de un género; es un recurso novelesco elegido por las dos heroínas, para acreditar "nombres trocados" e identidades prestadas, y facilitar así una empresa amorosa de carácter mundano. Por lo menos, en teoría, pues, pronto se echa de ver lo precario de un disfraz que, según se descubre, no va a poder seguir cumpliendo su función. Aquello ya se vislumbra en la primera secuencia, por lo incómodo que les resulta este vestido, tanto a Julia, que va acumulando descuidos y dislates, como a Porcia que, si bien más atrevida, manifiesta una determinación demasiado ingenua como para convencer (págs. 300a-02a).

Inadaptadas a su nueva condición, Julia y Porcia desentonan además por el estilo de estos pellicos cuya riqueza, según observa Porcia, no concuerda ni mucho menos con la verosimilitud. La razón de este desajuste nos la da su prima:

> que yo los mandé
> de aqueste modo hazer
> para la farsa o comedia
> que querían mis donzellas
> hazer...   (pág. 302b)

No puede ser más artificiosa la farsa a la que se refiere aquí Julia: como pastoral aristocrática, primero, que nos trae a la memoria las tragicomedias pastoriles en boga en las cortes italianas del Cinquecento, anticipando a la vez aquella "fingida Arcadia" con la cual topará don Quijote camino de Barcelona, imaginada para el entretenimiento de unos ociosos aficionados a Garcilaso y Camoens;[18] como pastoral frustrada, también, que,

---

[18] *Don Quijote*, IIa Parte, cap. 58. Sobre la boga de la pastoral dramática en Italia, v. Mia I. Gerhardt, *La pastorale: essai d'analyse littéraire*, Assen, 1959, págs. 89-94 y 110-126. Sobre sus posibles nexos con la de Garcilaso, especialmente en la Egloga Segunda, v. Pamela Waley, "Garcilaso's Second Eclogue as a Play," *MLR*, 72 (1977), pág. 585-96.

a raíz de la escapada de las dos jovencitas, no pasará de ser mero proyecto sin cumplir; por último, como pastoral en segundo grado que, aunque permanezca entre bastidores, coloca el teatro dentro del teatro, y cuyos "aparatos"[19] cifran, en pleno mundo "real," una irremediable inadaptación.

Por cierto, son dos niveles de ficción los que se deslindan de esta forma, y su conexión, nacida del impulso de las dos primas, confronta, según las propias palabras de Porcia, la comedia virtual que no se representó con la tragedia efectiva en la cual ésta bien podría convertirse (pág. 302a): se destaca, mediante este procedimiento, el carácter fundamentalmente literario de una bucólica tan soñada como bien escrita, y cuya teatralidad se hace explícita, en vez de quedar, como en *La casa de los celos*, embebida en el diálogo. Con todo, gracias a este desdoblamiento de perspectivas, cobra cierta credibilidad la acción novelesca que Julia y Porcia animan ante nosotros, por su mismo contraste con la pastoral cortesana aludida por ellas: allí, el palacio en que permanecieron recluidas durante su mocedad, se asemeja a la casa donde Carrizales se propuso encerrar a su joven esposa; aquí, el espacio abierto de la aventura viene a ser el marco de una búsqueda amorosa que se concretará a través de las adversidades, hasta que la tragedia que se temía al principio se revele una tragicomedia de feliz remate.

Esta primera distorsión de la referencia arcádica se confirma y amplía en cuanto Julia y Porcia, con motivo de la providencial llegada de Manfredo con su séquito de cazadores, llegan a enfrentarse con un mundo que desconocían hasta entonces. Deslumbrado por la belleza de los dos pastorcillos, Manfredo no deja de sorprenderse ante sus ricos atavíos. La pregunta que les dirige—"¿Usanse aquestos pellicos/aora entre los pastores?" (pág. 304b)—induce a las dos jovencitas a hacerse pasar por villanos ricos. Ahora bien, en semejante contexto no llega a convencer este deslizarse del artificio bucólico al disfraz campesino. No se engaña en esto Manfredo, llegando a observar:

[19] "En el tiempo deste célebre espanol [Lope de Rueda], todos los aparatos de un autor de comedias se encerrauan en un costal, y se cifrauan en quatro pellicos blancos guarnecidos de guadamecí dorado, y en quatro barbas y cabelleras, y quatro cayados, poco más o menos." (Cervantes, *Comedias y entremeses*, Prólogo al lector, ed.cit., pág. lxxxiii-a).

> En verdad,
> que parecen de ciudad
> vuestro nombre y el estilo,
> y que en ellos, y aun en él,
> poco es, mentís villanía.

A lo que Porcia no tiene más remedio que contestar: "Como ay estudio en Pauía/algo se nos pega dél" (pág. 304b). Así nos recuerda, como sin quererlo, que la ficción arcádica tan sólo puede brotar en un terreno empapado de cultura, en constante simbiosis con un público preparado a saborear sus encantos. En este sentido, Julia y Porcia se nos aparecen atraídas por aquel mundo estudiantil en el que Grisóstomo encontrará las referencias librescas que le permitirán elaborar su propia Arcadia. Pero aquí, si bien uno de los compañeros de Manfredo se hace cargo de la invención de Porcia, y hasta intenta darle color de verdad:

> Es en Pauía muy rico
> casi todo el villanage,
> y estos hijos deuen de ser
> de algun rico ganadero (pág. 305a)

esta aclaración, que tiende a colocar a la pareja en una realidad campesina apenas estilizada, resulta improcedente frente al parecer expresado por otro cazador, para quien Julia y Porcia son

> de caudal
> mayor del que aueis mostrado;
> si no, dígalo el lenguage,
> y el uno y otro pellico" (pág. 305a).

Lenguaje refinado, pues, a tono con una bucólica "bien escrita," y que, pese a los esfuerzos de las dos primas, no puede medirse por los criterios de lo particular histórico. En cuanto el disfraz ha cumplido con su función inicial—facilitar la salida de palacio—se revela ya inadaptado al propósito que las anima. Así es como Julia y Porcia, a la hora de emprender nueva vida, se ponen de nuevo al servicio de Manfredo, cambiando de condición otra vez y haciéndose pasar por estudiantes.[20] Al realizar de esta forma una transformación un tanto arriesgada para quienes no han cursado en las aulas, las dos primas llegan a

---

[20] V. a este respecto las finas observaciones de Ma Soledad Carrasco Urgoiti, "Cervantes en su comedia *El Laberinto de amor*," *HR*, 48 (1980), pág. 89.

convertirse en émulas de aquellas enamoradas de la *novella* italiana, que se disfrazan de paje o de escolástico para reunirse con su amante. Este mismo disfraz, cabe recordarlo, es el de Felismena, en el cuento adaptado de Bandello por Montemayor, y engastado por él en *La Diana*; en relación con este precedente, se observa ahora un completo trastrueque de perspectivas: la nueva aventura de Julia y Porcia viene a ser, ya no mera historia interpolada, sino peripecia de primer plano, introducida, sí, por un episodio seudopastoril, pero que lo sustituye en vez de quedar enmarcada en una ficción bucólica dotada de coherencia propia.[21]

Más aun: mientras los amantes de *La Diana* enlazaban sus hilos en una maraña imposible de desenredar, a no ser por el artificio de la maga Felicia, aquí son las dos primas las que llegan a dominar sus angustias y recelos para forzar el destino y encontrar por sí solas la salida del laberinto.[22] Cabe observar, a este respecto, que, para conseguir sus fines, Porcia tiene que valerse de un tercer disfraz: de pastora cortesana se transforma en labradora con "canasto de flores y fruta," para reunirse con la duquesa Rosamira, injustamente acusada de adulterio y encerrada en una torre (pág. 330a). Trocando su vestido con el de Rosamira—motivo consagrado por el *romancero* y la *novella* italiana, y que volverá a prosperar en la comedia nueva[23]—facilita su evasión y prepara el desenlace de la comedia. Así pues, de un disfraz a otro, la fábula cervantina incorpora un complejo entramado de referencias literarias; pero, al pasar de esta forma del *ser* pastoril al *hacer* novelesco,[24] Julia y Porcia han acabado por adaptarse a las realidades de un mundo que, mientras vivieron en su fingida Arcadia, fue para ellas *terra incognita*.

En *El laberinto de amor*, la representación referida por Julia tan sólo se evocaba de modo alusivo, a pesar de proyectarse sobre la

[21] "Niccuola innamorata di Lattanzio va a servirle vestita de paggio, e dopo molto casi seco si marita." (*Novelle*, II, 36) Montemayor aprovechó este tópico—de amplia fortuna en el teatro español del Siglo de Oro—dando sin embargo un desenlace trágico a la historia de Felismena (*Diana*, Libros II-V).

[22] Conocidos son los reparos de Cervantes—o más bien de sus portavoces—al artificio del agua encantada. V. *El coloquio de los perros, Novelas ejemplares*, ed. Schevill-Bonilla, Madrid, t. III, 1925, págs. 164-5, y *Don Quijote*, 1a Parte, cap. 6, ed. Castalia, Madrid, 1978, t. I, pág. 118.

[23] En especial en *La enemiga favorable*, del Canónigo Tárrega, obra ensalzada por el Cura en el cap. 48 de la Ia Parte del *Quijote*. V. *Cervantès dramaturge*, págs. 112 y 136, n. 104.

[24] V. Avalle-Arce, *La novela pastoril española*, pág. 215.

acción presenciada por el espectador. En _Los baños de Argel_, en cambio, el teatro viene a insertarse directamente en el teatro, al principio de la jornada tercera, al montar los cautivos un coloquio pastoril con motivo del día de la Resurrección (págs. 162a-68b). Hemos intentado, en otra circunstancia, examinar esta inserción en tanto que procedimiento recurrente de la dramática cervantina.[25] Lo que quisiéramos concretar aquí, más bien, es la relación que mantiene esta breve bucólica con las Arcadias consideradas hasta ahora.

Lo que, desde luego, salta a la vista, es la perfecta autonomía de esta breve secuencia, la cual no surge de la inventiva del poeta, como la farsa proyectada en Dorlán, sino que preexiste a la comedia en la que se incluye a modo de interpolación. Su procedencia se indica sin más tardar: un coloquio

> que es del gran Lope de Rueda,
> impreso por Timoneda,
> que en vejez al tiempo vence. (pág. 164a)

No se ha podido salvar este coloquio del naufragio parcial del caudal del batihoja y, a diferencia del público de los corrales, no estamos en condiciones de identificar las seis quintillas que nos ha conservado Cervantes. Sin embargo, es posible que se trate de la obra titulada _Gila_, de la que Lope de Vega nos ha legado otro breve fragmento y que, según el testimonio aquí aducido, fue publicado por Timoneda antes de 1583, año en que murió aquel famoso librero valenciano.[26]

Semejante inclusión suscita varias observaciones. Es de notar, primero, cómo los que van a presenciar el espectáculo lo caracterizan de entrada como entretenimiento, gracias al cual esperan olvidar por unos breves momentos la cruel realidad del cautiverio argelino (p. 163b). De ahí el contrapunto musical que viene a amenizar la función; de ahí, también, el énfasis que se pone en el sabor bucólico de aquella obrita que se nos dice bien escrita,

> por ser muy curiosa
> su manera de dezir
> en el pastoril lenguaje (pág. 164a).

---

[25] V. "Variations cervantines sur le thème du théâtre," _Revue des Sciences humaines_, 38 (1972), págs. 53-68, et _Cervantès dramaturge_, págs. 366-77.

[26] V. _Comedias y entremeses_, ed. Schevill-Bonilla, t. I, págs. 379, n. 315/2.

Ahora bien, mediante esta elección, desaparece definitivamente el trasfondo ítalo-clásico sobre el cual se recortaban las quejas de Lauso, en *La casa de los celos*, y al que remitía la farsa o comedia aludida en *El laberinto de amor*. El lugar ameno en que asoma ahora el pastor Guillermo—lugar estilizado, por cierto—se deriva esta vez de una tradición genuinamente peninsular. Hemos observado ya cómo, en *La casa de los celos*, las burlas que se le hacen a Rústico lo emparientan, en relativa medida, con el "simple" del teatro prelopesco. El hecho de que el recuerdo latente de los pasos de Rueda se convierta aquí en reminiscencia explícita de sus coloquios corrobora el homenaje tributado por Cervantes a quien fue, como él mismo dice, "admirable en la poesía pastoril."[27] Pero se explica a la vez por el tipo de público al que se destina la función; un público más habituado, por cierto, al repertorio del sevillano, difundido desde varios decenios por ventas y corrales, que a la pastoral de puro abolengo clásico, género libresco sin conexión directa con la farándula o, cuando más, confinado en un ambiente de representaciones palaciegas.

Así y todo, esta nueva pastoral, más adaptada a las preferencias de los oyentes, no va a poder cumplir su cometido. En las condiciones en que se encuentran los cautivos, tan sólo pueden montar un espectáculo de fortuna: un coloquio sin loa, acompañado por la música "herege" que canta el sacristán, y cuyos actores improvisados no llevan más que "pellicos de ropaje humildes" (pág. 164 a-b). Como declara uno de los circunstantes:

"En fin, comedia cautiva,
pobre, hambrienta y desdichada,
desnuda y atarantada." (pág. 164b)

Representación mezquina, pues, cuya miseria corre pareja con la del baño, aun cuando la ficción que se lleva a las tablas pretenda ser su exacta antinomia. Más aun: representación frustrada que no corresponde a la espera del público. Interrumpido primero por los donaires del sacristán, por las protestas del comediante, perturbado en su actuación, y por las preguntas de los oyentes, que no saben a qué atenerse (pág. 165a-167a), el coloquio queda definitivamente suspendido tras dos intervenciones aparatosas: la del guardián del baño, primero, por quien nos enteramos de cómo los jenízaros del Bajá, engañados por

[27] *Comedias y entremeses*, Prólogo al lector, ed. Ynduráin, *loc.cit.*

un espejismo, creyeron que una armada cristiana estaba frente a Argel, llegando a matar a más de veinte cristianos (pág. 167a-168b); después, la de un cautivo que nos avisa del inminente suplicio del niño Francisquito, condenado a morir por no haber querido renegar de su fe (pág. 168b-169a). Estos incidentes sucesivos obedecen a la lógica de una acción que, tras haber borrado la línea divisoria que separaba las dos ficciones así encasilladas, vuelve a acentuar su contraste al finalizar la secuencia. Pero no por eso dejan de ser otras tantas embestidas, dirigidas contra una "cosa soñada" que la realidad del baño ni siquiera consigue tolerar en el espacio de una mera función.

En *El laberinto de amor*, Julia se temía que la farsa proyectada por sus doncellas se convirtiera en tragedia. En *Los baños de Argel*, el proceso se ha cumplido. Si bien los jenízaros se desengañaron, no pueden los esclavos del baño entretenerse como ociosos con unos juegos que, al decir de uno de ellos, se han vuelto "sangrientos passatiempos." Puesto "que siempre en tragedia acaban/las comedias de cautivos" (pág. 169b), Francisquito será quien represente ante nosotros, ya no un coloquio del todo impertinente, sino la misma tragedia de su martirio: la "apariencia" puntualizada por la acotación escénica—"córrese una cortina: descúbrese Francisquito atado a una coluna, en la forma que pueda mover a más piedad" (pág. 173b)—no es mero recurso efectista: destaca, frente a la ficción bucólica, la pasión "verdadera" que, al imitar a Cristo, este pastorcillo de Belén, este corderillo pascual ha venido a figurar en un Argel sin común medida con las selvas de Ardenia o los campos de Pavía.

El desmoronamiento de una pastoral agudamente caracterizada por Berganza se evidencia, pues, a lo largo de las tres comedias que, de un modo u otro, la incluyen en la ficción. Contaminado por una geórgica de sabor burlesco, el sueño arcádico de *La casa de los celos* se disuelve en una fantasmagoría derivada de la materia de Francia. En *El laberinto de amor*, se convierte en recuerdo de una farsa palaciega que no llegó a montarse, pero cuya nostalgia se comunica a la acción a través del disfraz de dos mocitas vestidas de pastorcillos. En *Los baños de Argel*, se reduce a una breve función, pronto suspendida por el furor del mundo que la circunda y asedia. Así se nos explica cómo, al abandonar la Ardenia, se van callando los cantos acordados de los pastores cortesanos; cómo aquellas "cosas bien escritas,"enquistadas en el marco de una representación frustrada, se reconocen acto seguido como puro artificio: el habla refinada de Julia y Porcia, el curioso lenguaje del coloquio de *Los baños* no pueden ni pretenden crear la menor ilusión de realidad; por eso, a diferencia de las quejas de Lauso, ya no necesitan contrapunto burlesco.

Mundo nada verdadero viene a ser, por ende, esta Arcadia cada vez más precaria: puestos ya en tela de juicio en el lugar ameno de *La casa de los celos*, sus tópicos revelan su fundamental inadecuación en cuanto nos adentramos en los meandros del laberinto amoroso, o nos enfrentamos con el horror del cautiverio. Al desaparecer del escenario unos ociosos que bien podían tolerarse en la Ardenia o en el palacio de Dorlán, pero que desde luego no caben en las mazmorras argelinas, ya no hay nadie para entretenerse con un mundo bucólico que se ha vuelto pura fantasía.

¿Será ésta, por lo tanto, la última palabra de los pastores del teatro cervantino? No deja de sorprender este final desengañado, por parte de quien, durante toda su vida, prometió la Segunda Parte de su *Galatea*, y cuya fascinación ante el mito pastoril se patentiza a lo largo del *Quijote*. En otros términos, ¿cómo no llega a darse en las *Ocho comedias* aquel renacer de una Arcadia problemática como la de Grisóstomo y Marcela, dinamizada por el mismo proceso según el cual se distancia de sí misma?

Sin querer aventurar hipótesis arriesgadas, se puede contestar de dos maneras a esta pregunta. Obsérvese, primero, que, por los mismos años en que Cervantes se iba a Andalucía, tras haber hecho representar sus primeras comedias en los corrales madrileños, Lope de Vega llevaba a las tablas una bucólica templada por un discreto verismo, y matizada además por una constante nota humorística: aquélla que se explaya en *Belardo el furioso*, *El verdadero amante* o *La pastoral de Jacinto*.[28] Quien lo precedió en el campo de las letras no lo iba a seguir en este camino, pisando las huellas de un rival a quien no quiso nunca imitar.

Pero cabe recordar, además, que el teatro se rige por leyes que no se avienen con una pastoral problemática. Privado de los privilegios del narrador que, al introducirse en su ficción, establece con el lector una permanente complicidad, obligado a delegar sus poderes a unos entes que representasen "al vivo," con

---

[28] V. Crawford, *The Spanish Pastoral Drama*, págs. 105 sq.; Salomon, *Recherches sur le thème paysan*, págs. 440-51 y 751-54.

sus atributos y modales, los convencionalismos de la pastoral,
Cervantes tuvo que ir al encuentro de un público de oyentes,
distinto de los lectores de *La Diana* o de *La Galatea*: un público
que no llegó a concederle sus favores, pero al que sabía "tem-
plar su cólera" con algo que no fuera el lento razonar de dos
pastores dolientes, con una acción, en el pleno sentido de la
palabra, conducida según un ritmo anhelante hasta un desenlace que no podía proporcionar el proceso introspectivo de la
pastoral canónica; un público receptivo, por cierto, a los encantos del ilusionismo dramático, pero también dispuesto a sacar la
lección de una fábula ejemplar, marcada por el sello de la *mime-
sis*. Requisitos son éstos que no permitían, fuese en forma expe-
rimental, la dramatización del "mundo ideal de los universales
poéticos [y de] la quintaesencia de la experiencia amorosa."[29] De
ahí los tres episodios que acabamos de colocar en una misma
trayectoria; de ahí el destino reservado a sus protagonistas; de
ahí, por fin, ya fuera del ámbito pastoril y a modo de despedida,
el motivo de sabor campesino con que se abre la acción de *Pedro
de Urdemalas*, última de las comedias cervantinas: con su marco
agreste, penetrado de folklore tradicional; con sus zagales que
vienen a llamarse, ya no Clori y Lauso, sino Clemente y Cle-
mencia; con la pronta y feliz solución de sus amores, facilitada
esta vez, ya no por el agua de la sabia Felicia, sino por las mañas
de un nuevo Proteo, figura mítica más a tono con los ideales de
un Siglo de Hierro.[30]

UNIVERSITÉ DE CAEN

[29] E. C. Riley, *Teoría de la novela en Cervantes*, págs. 272.

[30] Además de *Cervantès dramaturge*, esp. págs. 121-28, v. sobre el particular
el estudio de Bruce Wardropper, "Fictional Prose, History and Drama: *Pedro
de Urdemalas*," *Essays... in Honour of Frank Pierce*, Oxford, 1984, págs. 217-27. A
Javier Herrero y Santiago Daydi-Tolson, primeros lectores de este trabajo,
les agradezco sus atinadas observaciones.

The Rhetoric of
Death in *La Galatea*

Bruno M. Damiani

ASTORAL LITERATURE, one of the most attractive vehicles of artistic expression of the Golden Age, reaches new and invigorating heights in *La Galatea*. The exterior pastoral conventions of shepherds, sheephooks, pastoral feasts, song and music, mythological figures, and amorous declarations in the flowered fields are all vibrantly portrayed in the pages of *La Galatea*. However, among the subtleties and intricacies of its pastoral fabric, there lurk violence and death, which are present not only as dominant themes in the text, but also in a variety of forms which are revealed through a highly developed rhetorical apparatus. Equally important, characters from varied social levels are joined together by a common wish for death, by individual attempts at self-destruction, and by death witnessed; and death in all its forms is brought about by love, that bewildering sentiment termed man's first torturer by Plautus (*Cistelaria*, 203).

Indeed, one of the most fertile topics in Spanish literature is the lament of the tormented lover for his beloved. This is a particularly frequent form in pastoral literature, where the topos is enriched by a vast array of images and metaphors that dramatize the lover's grief. In addition to figurative references to death, the rhetoric of death in pastoral literature includes various specific forms of death, such as death resulting from seeing the loved one, death because of his or her absence, death caused by the beloved's disdain, and so on. The rhetoric of death is an elaborate apparatus intended "to enlighten the understanding, to please the imagination, to move the passions, or to influence the will."[1] Conventional as many of these rhetorical concerns may seem, I concur with the view of Pilar Fernández-Cañadas Greenwood that "conventions, even when considered as mere clichés, or clicheified forms, are of importance because they stress artifice. Even in their most extreme form, they call attention to the artistic nature of the endeavor."[2]

La Galatea is a pastoral novel (Cervantes calls it an eclogue) of the kind which the Portuguese poet, Jorge de Montemayor, in his renowned work, Los siete libros de la Diana, had brought into fashion from Italy. Compared with La Diana, its most immediate predecessor, however, Cervantes' work exhibits several new attributes, among them an ingenious and more elaborate treatment of death. In the pastoral setting of La Galatea, the wealth of rhetorical instruments, words, ideas, and technical devices which are the common property of humanists of the time are revitalized and expanded, in typical Cervantine fashion, with the result that the theme of death is given a new vigor and poignancy.

Spiritual desolation caused by unrequited love is at work from the beginning of Book I, where Elicio laments for the cold-hearted Galatea with such expressions as "triste lamentable accento del mal," "cansado aliento," "sordo y presuroso viento," "cansados ojos," "abrojos y espinas que en el alma se han entrado," "dolor," and "alma que es de mármol hecha" (I, 15).[3] Death is recalled with wit when Cervantes reflects on the ups and downs of Elicio's life: "Con estos altibajos de su vida, la pasaba el pastor tan mala que a veces tuviera por bien el mal de perderla, a trueco de no sentir el que le causaba no acabarla" (I, 18). This punning expression echoes the verses of the Comendador Escrivá, frequently cited and glossed throughout the sixteenth and early seventeenth centuries, which Cervantes places on the lips of don Clavijo in Quijote II, xxxviii: "Ven,

---

[1] Edward P. J. Corbett, Classical Rhetoric for the Modern Student, (New York, 1971), p. 4.

[2] Pilar Fernández-Cañadas Greenwood, "Pastoral Poetics: The Uses of Conventions in Renaissance Pastoral Romances—Arcadia, La Diana, La Galatea, L'Astrée" (Ph.D. diss., Cornell University, 1981), p. 35.

[3] La Galatea, ed. Juan Bautista Avalle-Arce (Madrid, 1961). Textual references are to this edition, vols. I and II followed by page number.

muerte, tan escondida,/que no te sienta venir,/porque el placer del morir/no me torne a dar la vida."[4]

Death is again treated conceptually in Elicio's second poem, where, addressing the "Amoroso pensamiento," he pleads: "Si quieres que de mi vida/no se acabe la carrera,/no la lleves tan corrida/ni subas do no se espera/sino muerte en la caída" (I, 19). As the apostrophe continues, Elicio stresses the need for fulfillment in order to avoid death: "Ese vuelo peligroso/con que te subes al cielo,/si no fueres venturoso,/ha de poner por el suelo/mi descanso y tu reposo" (I, 19). The allegory is sustained to the very end of the lament, where Elicio warns love not to falter: "Pues tú, que ves tan distante/el medio del fin que quieres,/sin esperanza y constante/si en el camino murieres,/morirás como ignorante" (I, 20).

At times, the author reverses the usual feeling about death and, instead of considering it as horrible, turns it into something agreeable. Thus, Elicio speaks of the "honorable" death caused by love, as he reminds Erastro to embrace the suffering brought on by the unrequiting Galatea: "que aunque mueras sin ella, yo imagino/que no hay vida en el mundo más dichosa/como el morir por causa tan honrosa" (I, 28). So convinced is Elicio by his view of love that he is willing to die for it: "Yo sí que al fuego me consumo y quemo,/y al lazo pongo humilde la garganta" (I, 15); these words give credence to Propertius' dictum that "to seek an end to love's madness is a mistake: love knows no bounds" (Elegiae II, 29). The description commonly used by melancholy and lyrical lovers of death as "sweet" and "welcome" is repeated by another shepherd, Lauso, who sings: "Véome en éste morir,/y en el pasado, vivir;/y en éste adoro mi muerte" (II, 92).

Indeed, shepherds suffer for "celos, muertes y desdén" (I, 219), and they experience "mal inhumano" (I, 220); yet their identity is inseparable from their willingness to die for love, "the greatest of the gods" (Caecilius: Ex incertis fabulis, 2). Appropriately, Crisio concludes that "no es amante el que no muere" (II, 233). Lenio tells his friends how he "dies" time and again for the cruel shepherdess Gelasia (II, 166). When Tirsi tells Damón that Elicio "dies" for Galatea, the verb "muere" has a meaning

---

[4] This is noted by Juan Bautista Avalle-Arce (La Galatea, ed. cit., I, 18), who also cites the origin of these verses rendered somewhat differently by Hernando del Castillo in his Cancionero general.

equivalent to "vivir muriendo," that is, Elicio lives without the requited love of Galatea.[5] The same sentiment is echoed by Silerio, whose own plight leads him to remark: "¡... que estoy muriendo, y aun la vida temo!" (I, 122). Silerio's life is itself a death, as he lives only with "sombras del presente" and "bienes fingidos" (II, 101). Similarly, in a lament about Galatea's lack of response to his love for her, Elicio sees life and death as one: "Esle tan fácil a mi corta suerte/ver con la amarga muerte/ junta la dulce vida" (I, 114).

Death is the state desired by Timbrio in his letter to Nísida, when he writes that it seems "mejor que alabárades mi silencio en la muerte, que no que vituperárades mi atrevimiento en la vida..." (I, 150). In the same letter he remarks further: "a mi alma conviene partirse deste mundo en gracia vuestra." Later Timbrio will stoically resign himself to the peril of his love for Nísida as he says: "tu rigor.../ha de acabar mi corta vida" (I, 172).

Lisandro too dramatizes his slow death at the hands of perpetual suffering: "En llanto sempiterno/mi ánima mezquina /los años pasará, meses y días" (I, 33). Lisandro is helpless before his affliction and contemplates the sweetness of death: "Mejor es que pensando/que soy de ti olvidado,/me apriete con mi llaga,/hasta que se deshaga/con el dolor la vida, que ha quedado/en tan estraña suerte,/que no tiene por mal el de la muerte" (I, 34). In his letter to Leonida, Lisandro speaks of the "amorosa llama que por ti, ¡oh hermosa Leonida!, me abrasa" (I, 41). Narrating his plan to win Leonida's favor, he tells the other shepherds that "no se debía compadecer con su hermosura dejar morir sin más respecto a quien tanto como yo la amaba..." (I, 42).

Death is sometimes related to fate, "that cruelest of divine powers," as Horace called it, "which delights ever to make sport of human affairs" (*Satirae* II, 8, 61). Accordingly, Silerio looks upon his fate as a "fatal destino" (II, 147), while embracing the justice meted out by destiny, "Justísima sentencia/ha dado el cielo contra mí que muera" (I, 123), but not without first sounding out against love: "y de ti, falso amor, de quien sabemos/que te alegras y gustas/de que un firme amador muriendo viva" (I, 123). Orompo too complains of fate's cruelty

in the words, "... mi vida/a muerte la entregó el hado in-
clemente" (I, 222), as does Elicio, who speaks of the "violento
hado implacable" (I, 120), and Timbrio also, with a pathetic cry
to the "fatal estrella" (I, 171).

So profound is the pity of shepherds and shepherdesses for
their peer, Erastro, that they cry "como si lloraran en las
obsequias de su muerte" (II, 144). The word "muerte" itself,
with no descriptive adjectives attached, evokes fear. "I cannot
abide this word 'death,'" says Depazzi in James Shirley's *Traitor*
(III, i); and John Webster's Brachiano cries: "On pain of death,
let no man name death to me:/it is a word infinitely terrible"
(*White Devil*, V, iii).[6] Singing of the soon-to-end glory of his
soul, Erastro laments that "presto tendrá muerte sus despojos"
(I, 119). In the poetic language of *La Galatea*, the author frequently uses "muerte" without an article, as we see above and
in Orompo's poem (I, 222), as if it were personified. Although
on occasion "muerte" appears with the article,[7] the greater
frequency of "muerte" personified adds dramatic force to the
concept of death, which Cervantes exploits in its totality.

As the narrative unfolds, the rhetoric of death continues its
lugubrious march at an ever increasing rate. Crisio experiences
a death within himself for being separated from Claraura (I,
197). Grief for unrequited love turns a "primavera" into "invierno," a laughter into a bitter cry, "gasajo" into "luto" (I, 195).
Even "fortuna" conveys a symbolic sense of destruction and
death (I, 188).[8] Silerio's anguished life is seen as a "laberinto"
and "cruda guerra," and Silerio sees himself longing for a
"silencio eterno": "¿O cual hado me trujo a ver la tierra/que ha
de servir de sepoltura mía?" (II, 117). The lexicon of love is
further enriched by such expressions as "amargos tueros y
ponzoñosas adelfas" (I, 23); "cambió en abrojos las flores/y en
veneno el dulce fruto" (I, 195); "la fuerza deste crudo veneno"
(I, 230); "ponzoña disfrazada/cual píldora dorada" (II, 55);
"compusición venenosa/con jugo de adelfa amarga" (II, 239).

In some passages, the rhetoric of death takes on an increas-
ingly visual quality and a belligerent tone; for example, the
disconsolate Teolinda sings, "Mi alma de las carnes se despega"

[6] I owe these references to Theodore Spencer, *Death and Elizabethan
Tragedy* (New York, 1968), p. 86.

[7] Juan Bautista Avalle-Arce, ed., *La Galatea*, I, 119, note 8.

[8] See J. H. Terlingen, *Los italianismos en español* (Amsterdam, 1943), p. 232.

(I, 104), and Galatea "wounds" Elicio with the "armas" of beauty (I, 56). Galatea is depicted as 'la discreta Galatea, por quien él muere" (I, 110-111). The feeling of dying of love is shared also by Erastro: "No hace el tiempo ligero/curso en alterar mi edad,/mientras miro la beldad/de la vida por quien muero" (I, 164). Marsilo suffers "mortales angustias" for the disdainful Belisa (II, 167); Grisaldo is called by Rosaura "enemigo mortal de mi descanso" (II, 11). "La vida me acaba," sings Orompo (I, 210). As she suffers from love, Nísida sees herself in the "brazos de la amarga muerte" (II, 147). Here, even the simple adjective "amarga," by its association with the language of death, acquires a heightened emotional quality. Fright is evoked too by the reference to the Turks who assault Timbrio's ship as "crueles carniceros" armed with "bárbaras espadas" (II, 116). The descriptive words here and in other instances readily bring death sharply before our eyes, as in the following expressive metaphor: "afilé con mi industria el cuchillo que había de degollar mis esperanzas" (I, 169).

The novel is replete too with the word "tragedia."[9] Lisandro calls his story the "tragedia de mi desgracia" (I, 47); Silerio speaks of "la tragedia de mi vida" (I, 168); and Rosaura, seeing herself abandoned by Grisaldo, cries out: "¡Déjame... acabar de una vez la tragedia de mi vida!" (II, 16). The shepherd Galercio, in love with Gelasia, pleads that she put an end to "la tragedia de mi miserable vida" (II, 79), and Elicio himself, upon learning that Galatea is forced to marry a stranger, says that as a consequence he will lose everything; the sentence has been given "que... se concluya la tragedia de mi dolorosa vida" (II, 130). The phrases "espantosa tragedia" and "horrible tragedia" also occur repeatedly throughout Book I.

The lover's lament in La Galatea is given impulse by the cruelty of the beloved. The relative frequency of the words "cruel" and "crueldad"[10] reinforces the language of anguish and death in the novel, which becomes all-pervasive as the tyranny of love is equated with "lazo," "prisiones" and "cadenas" (II, 88); "tormento" (I, 198, 200, 209, 212, 217, 219), "dura pena" and "furor violento" (I, 212); and "amargo espantoso de la muerte"

    [9] Michele Ricciardelli, Originalidad de "La Galatea" en la novela pastoril española (Montevideo, 1966), p. 15.
    [10] See Donald H. Squire, "Cervantes' La Galatea and Persiles y Sigismunda: A Frequency Analysis of Selected Features of language and Style" (Ph.D. diss., University of Florida, 1972), p. 94.

(I, 213). Cervantes' skillful orchestration of the words "herido," "llagado," and "daño" (I, 56) enhances the lexicon of love, as does his use of "consuma," "ciña," "hiele," "mate" (I, 57), "llama," and "ardiente fragua" (I, 59).

Shepherds cry out against the cruelty of love with such concretely expressive words as "calamidades" (II, 135), "pesadumbre" (I, 200; II, 121, 140), "parasismo" (II, 157) and "infierno de mi desventura" (II, 94), lively characterizations of suffering that draw the reader into an intimate witnessing of the rustics' suffering. So powerful are the emotions of bereavement, that the beloved's "fiero desdén" will even be termed "homicida" (I, 222). Also allied with the imagery of death is the expression "cabo de año" (I, 238), which Covarrubias defines as "La memoria y sufragios que se hazen por el difunto, cumplido el año que murió, y si es perpetuo se llama aniversario" (Tesoro..., s.v. cabo). Also allied with death is the classical expression, "último vale" (I, 101), the last goodbye, a form of Virgil's "aeternum vale" (Aeneid XI, 98), or Ovid's "Supremumque vale" (Metamorphoses X, 62).[11]

Rhetorical and linguistic devices are used as a function of the specific themes treated by the author. Two important themes are rivalry and jealousy, the latter termed by Shakespeare a "green-eyed monster which doth mock/The meat it feeds on" (Othello III, iii). Not surprisingly, the jealous competitiveness between families discussed by Lisandro in his intercalated story is described as a "mortalísima discordia" (I, 37). Orfinio likewise experiences the "lanza aguda de los celos" (I, 222). Jealousy moves Crisalvo to "términos tan desesperados que muchas veces procuró matarme," recalls Lisandro (I, 45), who further describes Crisalvo as a man bordering on madness: "Y esto le acrecentaba la cólera y enojo de manera que le sacaba de juicio" (I, 45). In a ballad entitled "Los celos," Cervantes depicts jealousy as an infernal cavern, "propio albergue de la noche, del horror y las tinieblas."[12] We also might note that in El celoso extremeño, Leonora's parents view their daughter's marriage to Carrizales and her confinement in his house as an experience comparable to death.

In accord with the teachings of the rhetorician Dionysius that effective style and eloquent expressions involve a due

11 Cf. Francisco López Estrada, La "Galatea" de Cervantes. Estudio crítico, ante cit., pp. 120-22.
12 Obras completas, ed. Angel Valbuena Prat (Madrid, 1955), I, 55.

regard for arrangement and choice of words, Cervantes dramatizes the concept of death through the use of attributive adjectives,[13] as in the passage, "Cobarde y temeroso brazo, enemigo mortal de lo que a ti mismo debes" (I, 31); and in "la envidia, enemiga mortal de la sosegada vida" (I, 37). In other passages we read "¡ay muerte dura!" (I, 25), and "enemigo mortal de mi descanso" (II, 11), an apostrophe derived from Montemayor's *Diana*. Most often Cervantes uses the pre-nominal adjective for greater expressiveness: "justa y mortal ira"; "cruda y violenta muerte" (I, 29). Carino and Crisalvo are described as once "mortales enemigos" (I, 43). "Muerto" is also used as a predicate adjective, as in "... pero él... dejando al pastor muerto... se tornó" (I, 29). At times, superlative adjectives are found in passages treating death, as in "la muerte se ha llevado/el más subido estremo de belleza" (I, 33).

Hyperbole is one of the most significant of the verbal conventions surrounding the theme of death. In his sonnet to Silena, Lauso adds a twist to an old sacred hyperbole by affirming, "por ti sin alma vivo" (II, 95), one of several examples in *La Galatea* of Cervantes' penchant for secularizing spiritual literature.[14] Another sacred hyperbole is used by Lenio as he laments Gelasia's haughtiness, "tú solo eres el puerto/do descansan nuestras vidas" (II, 163), an exaggeration that is quite legitimate within the Platonic concept of love. The image of death reappears in an alternating song between Elicio and Erastro, in which the former uses the Latin expression *in eterno* (I, 26), frequently found in religious language. The language of death even includes a secularization of the scriptural passage, "For as the body without the spirit is dead, so faith without works is dead also" (Jas. 2: 26), which is paraphrased by the rejected Mireno as he sings to his beloved Silveria: "Nadie por fe te tuvo merecida/mejor que yo; mas veo que es fe muerta/la que con obras no se manifiesta" (I, 181).

In a possible imitation of Fray Luis de León,[15] Cervantes depicts flocks pasturing in "este valle hondo, oscuro," while the shepherd remains "en tenebrosa cárcel de desconsuelo"; "los

---

[13] For a partial but informative study of the use of the adjective in *La Galatea*, see Emilio Náñez, "El adjetivo en *La Galatea*," *Anales Cervantinos*, 6 (1957), 133-67.

[14] See *La Galatea*, ed. J. B. Avalle-Arce, I, 86, n. 33.

[15] Francisco López Estrada, *La "Galatea" de Cervantes. Estudio crítico*, ante cit., pp. 58-60.

antes bienhadados" become "tristes y afligidos"; the departed soul turns "la luz clara del día" into darkness, and with its departure "quedó vivo el dolor, muerta la vida" (I, 33). This image is analogous to that expressed through a myronia. As Galercio takes leave of Teolinda and Leonarda, the distraught shepherdesses see that "en irse Galercio, se les iba la luz de sus ojos y la vida de su vida" (II, 85).

In another example of hyperbole, in this case without spiritual overtones, late in Book V, the shepherd Arsindo recounts, to the amazement of his companions, how "el desamorado," Lenio, "muere por la endurecida Gelasia, y por ella llena el aire de sospiros, y la tierra de lágrimas" (II, 156). Anticipating a later baroque tendency, the amorous lament is at times fraught with an anguish of desperation, as in the following cry of Silerio: "¡Blanca gentil, en cuyo blanco pecho/el contento de amor se anida y cierra!:/antes que el mío, en lágrimas deshecho,/se vuelva polvo y miserable tierra" (I, 159).

The language of love and death is also antithetical and paradoxical, as when Damón sings of "hielo que por términos me abrasa" (I, 110). Evidenced as early as Theocritus and Longus, paradox and antithesis reflect the pastoral vogue for contradictions and oppositions, for the equivocal. A pendular or antithetical movement is seen in the structure of La Galatea, as for example in the "altibajos" of Elicio's life (I, 18) which lead him to love: "súbome al cielo, bájome al abismo" (I, 26). Nonetheless, Elicio stoically expresses surrender to his destiny in a paradox typical of courtly poetry: "Pero no se te dé nada,/que en esta empresa amorosa,/do la causa es sublimada,/el morir es vida honrosa,/la pena, gloria estremada" (I, 20). Rejected by Belisa, the shepherd Marsilo bitterly bewails: "y aun yo sin ella en viva muerte vivo" (I, 209); "espero y llamo a la muerte/por más vida y por más bien" (I, 224). Cast aside by Silveria, who is to marry Daranio, the shepherd Mireno sings of the "dulce trance de la amarga muerte" (I, 180). Images of fire and ice are juxtaposed in Marsilo's verses on amorous faith: "... y allí se enciende/con el helado frío" (I, 209). "¡Ay, fiera mano esquiva!/¡Cómo ordenaste que muriendo viva?" (I, 33), ponders Lisandro following his murder of Carino; and Damón laments, in paradoxical terms, "Ten la vida por muerta" (I, 107).

The frequency of antithesis and paradox in La Galatea contributes to a heightened dramatization of the theme of death. For example, a Petrarchan antithesis lends intensity to Elicio's love-death sentiment: "Yo ardo y no me abraso, vivo y muero" (I, 26). Parting from his beloved, Lisandro sees himself in a state in which grief is brought to life and life dies: "quedó vivo el dolor, muerta la vida" (I, 33). Lisandro is characterized as a "pastor homicida" (I, 29, 30, 32), a figure that removes death from the realm of pure abstraction and casts it as a clearly defined image. In another song, Erastro heralds the recurring refrain, *"fe viva, esperanza muerta"* (II, 231-32). Antithesis occurs in Galercio's song to Gelasia: "con la vista me das vida,/con la condición me matas" (II, 258); and Orfinio sustains the antithesis between life and death in a long lyrical dialogue with other shepherds: "Aborrezco lo que quiero,/y por lo que vivo muero"; "Busco la muerte en mi daño,/que ella es vida a mi dolencia"; "es imposible apartarme/desta triste viva muerte" (I, 220). Galercio, too, proclaims to Gelasia, once called "enemiga mortal" (II, 251): "Si eres ángel disfrazado,/o furia, que todo es cierto,/por tal ángel vivo muerto,/y por tal furia penado" (II, 259).

The rhetoric of death in La Galatea includes not only a rich lexicon of death and abundant life-death paradoxes and antitheses, but also numerous metaphors and images of death, the sort of language that Kenneth Burke would construe as "symbolic means of inducing cooperation in beings that by nature respond to symbols."[16] With Leonida's death, grieves Lisandro, "la gloria se ha deshecho,/como la cera al sol o niebla al viento;/y toda mi ventura/cierra la piedra de tu sepultura" (I, 33). Amidst the encomiastic rhetoric of Calliope's song we find the metaphor, "aguas negras del olvido" (II, 205), which occurs in the passage in which the Muse praises the poet Cristóbal Villaroel as a writer whose name must never fall into oblivion. Another vivid death image is that of burning at the stake, to which Erastro would condemn Lenio for speaking ill of love: "Si se castigasen los herejes de amor," says Erastro to the contemptuous Lenio, "desde agora comenzara yo... a cortar leña con que te abrasaran, por el mayor hereje y enemigo que el amor tiene" (I, 85).

The richly stylized language of death continues as Lauso describes his grief vividly as a "cuchillo que me hiere," accepting it in a spirit of resignation: "... ya que haya de morir,/que

---

[16] *Classical Rhetoric*, p. 3.

muera sufrido y cuerdo" (II, 96). The shepherd who loses his beloved lives in an "estrecha sepultura" (I, 223). The unresponding lover is seen by Orfinio as a "monstruo cruel y rigurosa harpía," or as a "fiero homicida" (I, 214). Death is the envious entity responsible for a beloved's suffering: "y en aquel punto la muerte/cortómela [la amada] de envidiosa" (I, 217); the "force" and "violence" of the beloved's absence are compared to the "poder invencible de la muerte" (I, 211). Marsilo, the rejected lover of Belisa, exclaims: "¡Pasos que al de la muerte/me lleváis paso a paso,/forzoso he de acusar vuestra pereza!" (I, 207).

Reflecting on Silveria's marriage to Daranio, the distraught Mireno concludes that it is all a *desengaño* to him, a disillusionment that has no other end but to give Silveria the power to take his life: "... ofréceme el desengaño a tiempo que no puede aprovecharme si no es con dejar en sus manos la vida" (I, 191). The verses written by Timbrio to Nísida are dubbed "... renglones,/escriptos con mi sangre de uno en uno" (I, 170). Stunned by Fili's absence, Tirsi sings, "mi lengua, que por muerta ya la cuento," adding: "Y aunque muestro que veo, oigo y siento,/fantasma soy por el amor formada" (I, 107). "Yo moriré desterrado/porque tú vivas contenta" (I, 100) is the message carved by Artidoro to Teolinda on the bark of a poplar. A pastoral lament is not simply heard, but comes to the attention of the rustics metaphorically, through a "wounding" of their hearing: "... llevados del deseo que tenían de saberlo, se lo iban ya a preguntar, si en aquel punto no hiriera los oídos de todos una voz de un pastor..." Shepherds' song is usually described as harmonious in pastoral literature, but Lauso's singing here is a "son no muy concertado" (II, 91), which introduces, even at this point in the novel, an image of disorder.

Cervantes' interest in linguistic art, a reflection of numerous Renaissance treatises on language, diction, and style, is revealed by these examples. We see it again in his references to the body as a prison of the soul, one of the oldest and most common of all expressions connected with death. In *La Galatea* Lisandro speaks of his "apasionada ánima" as a hostage to "la pesada carga deste miserable cuerpo" (I, 32), and longs for freedom of his "alma venturosa" from the "humano velo" (I, 33). The comparison of life to a prison first appears in Greece as part of the Orphic doctrine, which taught that the divine soul of man was imprisoned in the body as in a tomb. Originally occurring in Plato (*Cratylus*, 400 b), this figure became common in classical times, for it exactly fitted the popular ideas of which Orphism was only one manifestation.[17] Cicero employs the same image in his *De Senectute*: "Indeed, while we are shut up in this prison of the body, we are performing a heavy task laid upon us by necessity."[18] Subsequently, scores of secular and ascetic writers, influenced by the belief that the soul is not at home in the world, but belongs elsewhere, filled the pages of literature and doctrinal manuals with the message that our present life in the body is death, echoing time and again Philo Judaeus' view that the body is the "utterly polluted prison of the soul."[19] Shakespeare makes striking use of this metaphor in *King Lear* III, iv: "Look, who comes here! a grave unto a soul;/Holding the external spirit, against her will,/In the vile prison of afflicted breath." To the beleaguered lover life without hope is death itself, as Teolinda cries out: "... quien llevó la esperanza/llevará presto la *vida*" (I, 62).

One figure which appears in Cervantes only in *La Galatea* is the simile of life as a flame or burning candle. Comparisons between light and life are found in the Bible, as in "His candle shall be put out with him" (Job 18: 6). However, this simile is not widely employed in the Middle Ages; it comes into vogue in the sixteenth century and becomes a favorite image during the baroque period. Life is compared to a flame twice in *La Galatea*, once in Book I and again in Book II:

> Tu verás, si de las cosas de acá tienes cuenta, cómo este miserable cuerpo quedará un día consumido del dolor poco a poco, par mayor pena y sentimiento, bien ansí como la mojada y encendida pólvora, que sin hacer estrépito ni levantar llama en alto, entre sí mesma se consume, sin dejar de sí sino el rastro de las consumidas cenizas (I, 32)

> Ten la vida por muerta, aunque más viva/
> se te muestre, pastor; que es cual la vela,/
> que cuando muere, más su luz aviva (I, 107).

[17] Theodore Spencer, *op. cit.*, pp. 100-101.
[18] Trans. A. P. Peabody (Boston, 1912), XXI.
[19] *De Migr. Abr.*, II. Quoted in R. H. Charles, *Critical History of the Doctrine of a Future Life*, etc. (London, 1899), p. 260.

In the first simile, which forms a paradox, "como la mojada y encendida pólvora," Cervantes gives a new twist to the traditional classic image as used by Lucretius (*De rerum natura*, II, 79) and Ovid (*Tristia*, V, 8, 19) by relating it to the military world of his own experience. This point has been made by José María Balcells, who links the simile in the second passage, where life is seen as a candle,[20] to a Senecan model which occurs in *Consolatio ad Martiam* (XXIII, 4). The image will later be revived in Spain by Quevedo in *La cuna y la sepoltura*. Shakespeare's character Clifford, wounded to death, cries, "Here burns my candle out" (*Henry VI*, Part III, II, vi).

The rhetorical apparatus of death also leads to philosophical musing about life's brevity and the fugacity of time, the preoccupations that led Montaigne to state that "to philosophize is to learn to die."[21] In Timbrio's letter to Nísida the shepherd reflects on "Mortales y caducas hermosuras" (I, 171). In the same composition he moralizes about time and death in the words, "... corre airada y presurosa/la muerte" (I, 172). Damón states: "... porque ya se sabe bien que es una guerra nuestra vida sobre la tierra" (II, 34), recalling the prologue to the *Celestina*, or the much earlier sententious affirmation of Heraclitus that "Omnia secundum litem fiunt." There is also a hint of philosophical reflection in the variation on a proverbial saying: "no hay mal en esta vida que con ella su remedio no se alcanzase, si ya la muerte, atajadora de los humanos discursos, no se opone a ellos" (I, 126). Making direct references to Scripture, Artidoro carves the following words on a white poplar: "han sembrado a mano llena/tus promesas en la arena/y en el viento mi esperanza." (I, 99; cf. Luke 8: 5, Matt. 13: 3, Mark 4: 3).

It is, however, in the death speeches that the rhetoric of death in *La Galatea* finds its loftiest exposition. An art form absent in Montemayor's *Diana* but strikingly elaborated in *La Galatea*, death speeches are splendidly woven into the narrative and become a means, more than any other rhetorical device, of informing, persuading, and moving the characters and the reader. These speeches also reiterate what has been shown in Philip Sidney's *Arcadia*, that "every impulse of sorrow finds

---

[20] José María Balcells, "Un símil de *La Galatea*," *Anales Cervantinos*, **18** (1979-80), 219-222.
[21] *Essays*, I, 20, trans. E. J. Trechmann, Oxford, 1927.

expression in a pattern lament."[22] These laments take the form of premonitions and anticipations of death on the part of either the characters who threaten to die or of those actually about to die. In either case there is comfort to be derived from giving expression to grief;[23] Homer reminds us of this when he tells us that Hector's father was willing to risk his life for this mournful gratification: "Let Achilles straightway slay me when I have taken my son in my arms and sent forth my desire of lamentation" (*Iliad* XXIV, 226).

Moments before a thwarted attempt to kill herself as an honorable response to the disdainful behavior of her beloved, Cervantes' heroine Rosaura pronounces a dramatic death speech, of which the core is given in the following words:

> Pero yo te certifico que, antes que a ella lleves al tálamo, me has de llevar a mí a la sepultura, si ya no eres tan cruel que niegues de darla al cuerpo de cuya alma fuiste siempre señor absoluto. Y porque claro conozcas y veas que la que perdió por ti su honestidad, y puso en detrimento su honra, tendrá en poco perder la vida, este agudo puñal que aquí traigo pondrá en efecto mi desesperado y honroso intento, y será testigo de la crueldad que en ese tu fementido pecho encierras (II, 15).

Rosaura's sober proclamation of death, laden with emotional intensity and vivid imagery, sustains the reader's attention and heightens suspense.

A similarly spontaneous urge to suffer is expressed by Lenio as he kneels before Gelasia with a rope around his throat and a sword in his hand:

> —¡Oh ingrata y desconocida Gelasia, y con cuán justo título has alcanzado el renombre de cruel que tienes! Vuelve, endurecida, los ojos a mirar al que por mirarte está en el estremo de dolor que imaginarse puede. ¿Por qué huyes de quien te sigue? ¿Por qué no admites a quien te sirve? ¿Y por qué aborreces al que te adora? ¡Oh, sin razón enemiga mía, dura cual levantado risco, airada cual ofendida sierpe, sorda cual muda selva, esquiva como rústica, rústica como fiera, fiera como tigre, tigre que en mis entrañas se ceba! ¿Será posible que mis lágrimas no te ablanden, que mis sospiros no

[22] Sir Philip Sidney, *Arcadia*, ed. Maurice Evans (New York, 1976), p. 15.
[23] Cf. *Odyssey*, XV, 399.

te apiaden, y que mis servicios no te muevan? Sí que será posible, pues ansí lo quiere mi corta y desdichada suerte, y aun será también posible que tú no quieras apretar este lazo que a la garganta tengo, ni atravesar este cuchillo por medio deste corazón que te adora. Vuelve, pastora, vuelve, y acaba la tragedia de mi miserable vida, pues con tanta facilidad puedes añudar este cordel a mi garganta o ensangrentar este cuchillo en mi pecho (II, 78-79).

Here, in an abundance of exclamations and rhetorical questions which illustrate Quintilian's ever-important *pronuntiatio (Institutio Oratoria*, XI), the plea for death is even more pathetic than in the former death speech. Clearly, the reader is moved, through these means of expression, to a deep feeling for what is being expressed. After all, as Ernst Cassirer observes, the real task for the rhetorician "is not to describe tings but to arouse human emotions; not to convey mere ideas or thoughts but to prompt men to certain actions."[24] This is certainly Cervantes' intent also in the repeat performance of Lenio's death speech, delivered as the shepherd, in a moment of despair, tears off his clothes, sings to his beloved, and begs a rustic friend, Tirsi, to take his life: "Ahora digo que puedes levantar el brazo, y con algún agudo cuchillo traspasar este corazón, donde cupo tan notoria simpleza como era no tener al amor por universal señor del mundo" (II, 164-65). The effect of Lenio's speech, a remarkable transmutation of life into artifice, is the creation of a spectacle intended to arouse concomitant fear and pity.

Galatea herself delivers a death speech in a letter to her suitor, Galercio, as she anticipates dying from her forced marriage to another:

En la apresurada determinación de mi padre está la que yo he tomado de escrebirte, y en la fuerza que me hace la que a mí mesma me he hecho hasta llegar a este punto. Bien sabes en el que estoy, y sé yo bien que quisiera verme en otro mejor, para pagarte algo de lo mucho que conozco que te debo; mas si el cielo quiere que yo quede con esta deuda, quéjate dél, y no de la voluntad mía. La de mi padre quisiera mudar, si fuera posible; pero veo que no lo es, y así, no lo intento. Si algún remedio por allá imaginas, como en él no intervengan ruegos, ponle en efecto, con el miramiento que a

24 Ernst Cassirer, *An Essay on Man* (New York, 1953), p. 148.

tu crédito debes y a mi honra estás obligado. El que me dan
por esposo y el que me ha de dar sepultura, viene pasado
mañana: poco tiempo te queda para aconsejarte, aunque a mí
me quedará harto para arrepentirme (II, 261-62).

In literature, the tradition of having those who are about to
die give speeches in which they utter feelings and prophecies
about those who are the cause of their death, or in which they
expostulate upon their own penitence or lack of it, the worth of
their lives, and their wishes toward their survivors, goes back
to the epic of Gilgamesh, the oldest story known.[25] In this epic,
as in subsequent writings such as the *Iliad*, Theocritus' *Idylls* and
the *Aeneid*, successful death speeches never wander off into
discussion of issues unrelated to the basic themes of the story.
We see this in *La Galatea*, in the speeches placed upon the lips of
those characters who really die. In one such speech the focal
theme is repentance, which is sought by the treacherous
Carino. It was considered essential for a man to have time to
pray before he died, and when a murder was about to be
committed, the intended victim urged his murderers to wait
until he had prayed. Hence, Carino pleads:

—Dejárasme, Lisandro, satisfacer al cielo con más largo
arrepentimiento el agravio que te hice, y después quitárasme
la vida, que agora, por la causa que he dicho, mal contenta
destas carnes se aparta (I, 28).

The Carino-Lisandro episode gives rise to the following
display of oratory, an exchange between Leonida and Lisandro
which takes place moments before Leonida expires:

"¡Oh soberano hacedor del cielo! Encoje la mano de tu
justicia y abre la de tu misericordia, para tenerla desta alma,
que presto te dará cuenta de las ofensas que te ha hecho. ¡Ay,
Lisandro, Lisandro, y cómo la amistad de Carino te costará la
vida, pues no es posible sino que te la acabe el dolor de
haberla yo por ti perdido! ¡Ay, cruel hermano! ¿Es posible
que sin oir mis disculpas tan presto me quesiste dar la pena
de mi yerro?" Cuando estas razones oí, en la voz y en ellas

[25] My deepest thanks go to Mr. Frederick D. Phillips, editorial con-
sultant to *Studia Humanitatis*, for providing me with useful information on
the literary tradition of death speeches and for his careful reading of this
manuscript. I also wish to express my gratitude to Dr. Sandra Gerhard for
several valuable suggestions.

conocí luego ser Leonida la que las decía, y présago de mi desventura, con el sentido turbado, fui a tiento a dar adonde Leonida estaba envuelta en su propria sangre. Y habiéndola conocido luego, dejándome caer sobre el herido cuerpo, haciendo los estremos de dolor posible, le dije: "¿Qué desdicha es ésta, bien mío? Anima mía ¿cuál fue la cruel mano que no ha tenido respecto a tanta hermosura?" En estas palabras fui conocido de Leonida, y levantando con gran trabajo los cansados brazos, los echó por encima de mi cuello, y apretando con la mayor fuerza que pudo, juntando su boca con la mía, con flacas y mal pronunciadas razones me dijo solas éstas: "Mi hermano me ha muerto; Carino, vendido; Libeo está sin vida, la cual te dé Dios a ti, Lisandro mío, largos y felices años, y a mí me deje gozar en la otra del reposo que aquí me ha negado" (I, 51).

Here, as in all later drama and particularly in the opera of the nineteenth century, the death speech is lengthy, and the death takes place before the audience.[26] Examples from Shakespeare come readily to mind—the speeches of both Romeo and Juliet; King Lear's heartrending speech upon the death of his faithful daughter, pronounced as he dies himself; and even Julius Caesar's terse "Et tu, Brute," which poignantly sums up both his resignation and his realization of betrayal. In the operas of Richard Wagner the songs from the *Ring* (the ones which occur before Siegfried's death and before Brünnhilde's self-immolation, which brings the *Ring* to a close) and those preceding the deaths of Tristan and Isolde are examples of death speeches. The touching death speech of Violetta in Verdi's *La Traviata* is an instance from Italian opera; the list could be prolonged almost indefinitely.

Thus we see that the lean and impoverished vocabulary of death found in the literature of the fourteenth and fifteenth centuries gives way, in Cervantes, to an impressive verbal choreography, an abundance of images and forms of expression

[26] Although as Will Durant notes, "it is against traditions of the Greek drama to represent violence directly on the stage" (*The Life of Greece*, New York, 1939, p. 379), violence and death were, however, integral parts of the greek drama, and speeches by the players, anticipating death or sharing their feelings about impending death, are common; e.g., Sophocles' *Oedipus at Colonus* offers one of the most touching examples of the death speech in Greek tragedy. See *The Complete Greek Drama*, ed. Whitney J. Oates and Eugene O'Neill, Jr. (New York, 1938), pp. 611-12; 644-65.

that reveal a consummate skill in applying the Aristotelian precept of developing all the available means of persuasion in any given situation.[27] The wealth of death-related vocabulary in a work of Cervantes should not surprise the reader, however; the father of the modern novel, gifted as he was with a remarkable facility for visualization, took pleasure in supporting his novel with multiple stylistic devices, epithets, bright words, and vivid and thought-provoking images and metaphors. In all of this Cervantes underscores the universal assumption of the Renaissance brilliantly set forth by John Hoskins in his *Directions for Speech and Style*, that the command of style and the mastery of rhetoric are the mark of the civilized man, the true evidence of human dignity.[28]

When compared to earlier pastoral novels, particularly its most immediate model, Montemayor's *Diana, La Galatea* represents an enrichment of the rhetorical apparatus of death, seen particularly in extensive moralizing on death and in the dramatic death speeches, which pave the way for some of the most strikingly vivid death scenes found in pastoral literature. The pastoral conventions of unrelieved anguish, melancholy, and suffering as the sources of motivation for bucolic song, narrative, and incident make the theme of death a logical phenomenon in pastoral literature. As for the expansion of death rhetoric and the increase in incidents of death in *La Galatea*, one may well find these explained in the words of Azorín, the indefatigable observer of nature and of the Spanish soul, who states: "... nuestra melancolía es producto—como notaba Gracián, de la sequedad de nuestras tierras,... y la muerte es un corolario inmediato, riguroso, de la melancolía... y esta idea, la de la muerte, es la que domina con imperio avasallador en los pueblos españoles."[29]

THE CATHOLIC UNIVERSITY OF AMERICA

---

[27] See *Classical Rhetoric*, p. 3.
[28] Philip Sidney, *Arcadia, ed. cit.*, p. 14.
[29] Azorín, *Las confesiones de un pequeño filósofo*, XXXVIII. "Los tres cofrecillos" (Madrid, 1947), II, 82.

Illo tempore: Don Quixote's Discourse on the Golden Age, and its Antecedents

Geoffrey L. Stagg

"Pastoral is an image of what they call the Golden Age."
ALEXANDER POPE,
"A Discourse on Pastoral Poetry"[1]

EADERS OF Don Quixote's famous discourse on the Golden Age who seek to inform themselves about the source of Cervantes's ideas on the subject must be puzzled by the remarkable diversity of opinions voiced by commentators and editors.[2] Clemencín, for example, suggests Ovid and Virgil;[3] Adolfo de Castro a passage from Boccaccio;[4] Hatzfeld two other passages from the same author;[5] Marasso favours Seneca;[6] Már-

---

[1] Pope's dictum requires qualification. M. J. Gerhardt, in *Essai d'analyse littéraire de la pastorale dans les littératures italienne, espagnole et française* (Assen, 1950), p. 292, observes: "le rêve de l'Age d'Or... n'a pas eu sur la pastorale toute l'influence qu'on lui attribue communément"; such influence is absent from Greek bucolic verse, but comes into its own in Latin pastoral; for Th. G. Rosenmeyer "it is clear that the marriage of the Golden Age theme with the pastoral is a Roman development" (*The Green Cabinet. Theocritus and the European Pastoral Lyric*, Berkeley, 1969, p. 221), a view echoed by Rudolf Kettemann: "Das Thema der *aurea aetas*, das der Bukolik Theokrits und seiner Nachfolger, soweit sie erhalten sind, fremd ist, ist seit Vergil aufs engste mit der Hirtenpoesie verflochten" (*Bukolik und Georgik. Studien zu ihrer Affinität, bei Vergil und später*, Heidelberg: Winter, 1977, p. 76). According to other scholars, the Golden Age is closely related to, or identified with, the pastoral only in the Renaissance; so E. A. Schmidt (*Poetische Reflexion Vergils Bukolik*, München, 1972) and Walter Veit ("Studien zur Geschichte des Topos der Goldenen Zeit von der Antike bis zum 18. Jahrhundert," diss.

quez Villanueva discusses Guevara and Zapata,[7] and Rodríguez Marín mentions Tansillo.[8] Yet this lack of agreement is hardly surprising in view of the casual approach adopted by even some reputable scholars to a matter of formidable complexity. When Cervantes wrote, the theme of the Golden Age already had behind it a tradition of over two thousand years, during which a long succession of authors and translators had tried their hand at this long-enduring *topos*. Only a comparative study— such as we have undertaken here—of all their versions can be expected to reach valid conclusions or, indeed, determine whether any are possible.

We present first a list of descriptions of the Golden Age upon which Cervantes could conceivably have drawn and

Köln, 1961), as quoted by Kettemann, p. 70, n. 3. Hellmuth Petriconi— "Über die Idee des goldenen Zeitalters in der Schäferdichtungen Sannazaros und Tassos" (*Die Neueren Sprachen*, 38 (1930), 265-83) questions the importance of the Golden Age theme for the Renaissance pastoral, but Lipsker-Zarden (see n. 2) rejects his arguments.

[2] For the general history of the Golden Age theme see: Arthur O. Lovejoy and George Boas, *A Documentary History of Primitivism and Related Ideas in Antiquity* (Baltimore, 1935; rpt. New York, 1965); Harry Levin, *The Myth of the Golden Age in the Renaissance* (Bloomington, Indiana, 1969); A. Bartlett Giamatti, *The Earthly Paradise and the Renaissance Epic* (Princeton, 1966), pp. 11-33; Gustavo Costa, *La leggenda dei secoli d'oro nella letteratura italiana* (Bari: Laterza, 1972); Antonio Antelo, "El mito de la edad de oro en las letras hispanoamericanas del siglo XVI," *Thesaurus*, XXX (1975), 1-32; Erika Lipsker-Zarden, *Der Mythos vom goldenen Zeitalter in der Schäferdichtung Italiens, Spaniens und Frankreichs zur Zeit der Renaissance* (Berlin: Michel, 1933). Indications of individual texts have been found in E. F. M. Benecke, *Poetarum Latinorum Index* (London: Methuen, 1894), pp. 36, 116, and in *Albii Tibulli Quae Supersunt Omnia Opera*, ed. P. A. de Golbéry (Paris: Lemaire, 1826), p. 37 (note to line 35). For all questions relating to Ovid see Rudolph Schevill, *Ovid and the Renascence in Spain* (Berkeley, 1913, rpt. Hildesheim-New York, 1971), and for the Golden Age in art see: E. H. Gombrich, "Renaissance and Golden Age," in *Norm and Form. Studies in the Art of the Renaissance* (London, 1966).

[3] *El ingenioso hidalgo Don Quijote de la Mancha*, ed. Diego Clemencín, I (Madrid: Hernando, 1894), p. 253, n. 9.

[4] "La última novela ejemplar de Cervantes," in *Varias obras inéditas de Cervantes* (Madrid, 1874), pp. 434-35. (The source suggested is *De mulieribus claris*.)

[5] *El Quijote como obra de arte del lenguaje*, 2a ed. (Madrid: C.S.I.C., 1966), pp. 272-73. (The parallels are with *Ameto* and *La Fiammetta*.)

[6] *La invención del Quijote* (Buenos Aires: Hachette, 1954), p. 90. ("El discurso... está inspirado en la *Medea* y la *Fedra* de Séneca.")

[7] *Fuentes literarias cervantinas* (Madrid: Gredos, 1973), pp. 162, 236.

[8] *El ingenioso hidalgo Don Quijote de la Mancha*, ed. F. Rodríguez Marín, I (Madrid: Atlas, 1947), p. 315, note to 1.3.

which exemplify the eulogistic tone, the "soft primitivism,"[9] to be found in Don Quixote's harangue. Generally excluded from our catalogue are parodies of the theme (such as were favoured by the Greek comic poets[10]) and hostile views of the Golden Age (as expressed, for example, by Aeschylus and Lucretius[11]). We have also omitted descriptions of such pleasances as the Elysian Fields, the Isles of the Blessed and earthly paradises, which, though sharing certain common features with the Golden Age, were rarely confused with it. (Horace does, however, apply to the Fortunate Isles a description of the Golden Age derived from Virgil's Fourth Eclogue.[12]) The first known date of publication in the Iberian or Italian peninsulas or in the Netherlands is given for each text, whether original or translated. Modern editions, and modern translations of classical works, are usually foot-noted. Unless it is the work of a contemporary whose manuscript Cervantes could have seen, material first published after 1604 is not included. Hence the absence from our catalogue of passages from, for instance, the *Bucolica Einsiedelnsia* (1869),[13] Coluccio Salutati's *De seculo et religione* (1957),[14] Matteo Palmieri's *Città di vita* (1927)[15] and one of Michelangelo's poems (1623).[16] Greek works are cited only to permit the listing of their Latin, Italian or Spanish translations. Given the extraordinary popularity of the *topos*, the completeness of our list—assembled from data provided by others (see note 2) and from our own reading and investigations—cannot be guaranteed, but it is believed that no significant item has been overlooked. (The multitudinous brief references to the Golden Age in the relevant literatures have, of necessity, been ignored.) All original items have been studied, with one exception (Alvaro de Cadabal's *Rithma*, not thought to be significant for our purposes); translations have been consulted when the context appeared to warrant it.

[9] This term is employed by Lovejoy and Boas in their *Documentary History.*
[10] A list is given by Lovejoy and Boas, pp. 38-41.
[11] Aeschylus, *Prometheus Bound*, 440-68; Lucretius, *De rerum natura*, V, 975 ff.; Horace, *Satires*, I, iii, 99-110; Juvenal, *Satires*, XIII, 30 ff.; Statius, *Silvae*, I, vi, 39-42, all express disapproval.
[12] K. Witte, *Horaz und Vergil: Kritik oder Abbau?* (Erlangen, 1922), p. 143.
[13] First published by H. Hagen in *Philologus*, XXVIII (1869), pp. 338 ff.
[14] *Colucii Salutati de seculo et religione*, ex codicibus manuscriptis primum edidit B. L. Ullman, Florence, 1957.
[15] Transcribed from the manuscripts and published by Margaret Rooke, Northampton, Mass., 1927.
[16] *Rime*, Florence: Giunti, 1623.

I. The Age of Cronos
("The Age of the Golden Race")

Hesiod (fl. ca. 800 B.C.). *Works and Days*, 90-92; 109-20; 225-37.[17]
(Milan? 1493?; Venice, 1495)
Latin trans.: Nicolai de Valle (Rome, 1471?)
Plato (ca. 428-347 B.C.). *The Statesman*, 271D-272B.[18] (Venice,
1513)
Latin trans.: Marsilio Ficino (Florence, 1484)
Italian trans.: Dardi Bembo (Venice, 1601)
Aratus (ca. 315-239 B.C.). *Phaenomena*, 96-136.[19] (Venice, 1499)
Latin trans.: Cicero (Milan, 1498); Germanicus
Caesar (Bologna, 1474); Festus Avienus (Venice, 1488)

II. The Age of Saturn

Virgil (70-19 B.C.). *Eclogues*, IV,18-46; *Georgics*, I,125-28; II,
140-76, 324-45, 513-40; *Aeneid*, VIII,314-29.[20] (Rome, 1469?)
Italian trans.: Complete works: A. Lori et al. (Venice, 1567);
Eclogues: Bernardo Pulci (Florence, 1481-82); Evangelista Fossa
(Venice, 1494); A Lori (Venice, 1554); *Georgics*: B. Daniello
(Venice, 1545); A. M. Negrisoli (Venice, 1552); *Aeneid*:
Athanagius (Vicenza, 1476); G. B. Vasio (Venice, 1539); G.
Giustiniano (Venice, 1542) (VIII only); A. Cerretani
(Florence, 1560); Lodovico Dolce (Venice, 1568); Annibale
Caro (Venice, 1581); H. Udine (Venice, 1597).
Spanish trans.: Complete Works: Diego López (Valladolid,
1600); *Eclogues*: Juan del Encina (Salamanca, 1496); Juan
Fernández de Idiáquez (Barcelona, 1574); Gregorio
Hernández de Velasco (Toledo, 1574) (I, IV only); Fray
Luis de León (Madrid, 1631); *Georgics*: Juan de Guzmán
(Salamanca, 1586); Fray Luis de León (Madrid, 1631) (I

---

[17] Hesiod, *The Homeric Hymns and Homerics*, with an English Translation by
Hugh G. Evelyn-White, Loeb Classical Library (London-New York, 1926),
pp. 8; 10; 18-19.
[18] *Plato with an English Translation. The Statesman, Philebus* by Harold N.
Fowler. *Ion* by W. R. M. Lamb, Loeb Classical Library (London-Cambridge,
Mass., 1962), pp. 56-59.
[19] *Arati Phaenomena*. Introduction, texte critique, commentaire et
traduction par Jean Martin, Biblioteca di Studi Superiori, XXV, Filologia
Greca (Firenze: La Nuova Italia, 1956), pp. 25-29, 163-4.
[20] *Virgil*, with an English Translation by H. Rushton Fairclough. Vol. I,
Eclogues, Georgics, Aeneid I-VI, rev. ed., Loeb Classical Library (Cambridge,
Mass.-London, 1935), pp. 30-33 (*Eclogues*); 88-89, 126-29, 138-41, 152-53
(*Georgics*). Vol. II, *Aeneid VII-XII, The Minor Poems*, rev. ed. (1937), pp. 80-83.

only); *Aeneid*: Gregorio Hernández de Velasco (Toledo, 1555)

Appendix Vergiliana. *Aetna*, 9-16.[21] (Printed in early eds. of Virgil)

Horace (65-8 B.C.). *Epodes*, XVI,41-66.[22] (Milan, 1470)

Italian trans.: G. Giorgini (Iesi, 1595)

Spanish trans.: Villén de Biedma (Granada, 1599)

Tibullus (ca. 54-19 B.C.). *Elegies*, I,iii,35-48; I,x,5-12; II,iii,67-74.[23] (Venice, 1472)

Spanish trans.: Fray Luis de León (Madrid, 1631) (II,iii only)

Propertius (ca. 49-15 B.C.). *Carmina*, III,xiii,25-46.[24] (Venice, 1472)

Ovid (43 B.C.-18 A.D.). *Metamorphoses*, I,89-112; XV,96-103.[25] *Amores*, III,viii,35-49.[26] *Fasti*, I,249-54; IV,395-402.[27] *Ars Amatoria*, II,473-76.[28] (Rome, [1471]; [Bologna], 1471)

Italian trans.: *Metamorphoses*: G. Bonsignore (Venice, 1497); Nicolo di Augustini ([Venice], 1522); Lodovico Dolce (Venice, 1539) (I only); Lodovico Dolce (Venice, 1553); Giovanni Andrea dell'Anguillara (Venice, 1561); F. Marretti (Venice, 1570). *Fasti*: V. Cartari (Venice, 1551). *Ars Amatoria*: Anon. (Florence, 1495?); Anon. (Venice, 1516).

Spanish trans.: *Metamorphoses*: Jorge de Bustamante (n.p., 1543?; n.p., 1546; Seville, 1550); Antonio Pérez Sigler

[21] *Appendix Vergiliana*, ed. W. V. Clausen, F. R. D. Goodyear, E. J. Kenney and J. A. Richmond (Oxford: Clarendon Press, 1966), p. 41; *Appendix Vergiliana*. Vol. I. Traduzione secondo il testo di W. V. Clausen, etc., Bibliotheca oxoniensis (Genova: Tilgher, 1974), p. 25.

[22] Horace, *The Odes and Epodes*, with an English Translation by C. E. Bennett, Loeb Classical Library, (Cambridge, Mass.-London, 1946), pp. 404-07.

[23] Tibullo, *Elegie*. Introduzione, testo, note e traduzione a cura di Onorato Tescari (Milano: Istituto Editoriale Italiano, 1951), pp. 88-89, 154-55, 184-85.

[24] *Propertius*, with an English Translation by H. E. Butler, Loeb Classical Library (London-New York, 1929), pp. 222-25.

[25] Ovid, *Metamorphoses*, with an English Translation by Frank Justus Miller, Loeb Classical Library (London-New York, 1921-22), pp. I,8-11; II,370-71.

[26] Ovidio, *Amores*. Testo, introduzione, traduzione e note di Franco Munari, 4a ed. (Firenze: La Nuova Italia, 1964), pp. 92-93, 203-04.

[27] Ovide, *Les Fastes*. Texte, traduction et commentaire précédés d'une introduction par Henri Le Bonniec, Poeti del Mondo Latino (Università di Catania, 1969), pp. I, 26-27, II, 44-47.

[28] Ovide, *L'Art d'aimer*. Texte établi et traduit par Henri Bornecque, 4e éd. (Paris: Les Belles Lettres, 1960), pp. 49^v, 49^r.

(Salamanca, 1580); Felipe Mey (Tarragona, 1586), (I-VII only); Pedro Sánchez de Viana (Valladolid, 1589).
Catalan trans.: *Metamorphoses*: Anon. (Barcelona, 1494)
Lucius Annaeus Seneca (ca. 4 B.C.-65 A.D.). *Hyppolitus* (*Phaedra*), 525-42; *Medea*, 329-34 (now usually 308-13).[29] (Ferrara, 1474). *Epistulae morales*, XC, 4,5,7-10,17 36-38,40-41,45-46.[30] (Rome, 1475)

Italian trans.: Tragedies: Lodovico Dolce (Venice, 1560). *Hyppolitus*: P. da Monte Varchi (Venice, 1497). *Epistulae*: Sebastiano Manilio (Venice, 1494); Anton Francesco Doni (Venice, 1549) (Manilio's trans. with slight alterations).

Spanish trans.: *Epistulae*: Pero Díaz de Toledo? (Zaragoza, 1496); Leonardo Aretino (Toledo, 1502).

Pseudo-Seneca. *Octavia*, 395-406.[29] (Usually printed in eds. and trans. of Seneca's tragedies; see previous entry)
Martial (ca. 40-104). *Epigrams*, XII,1xii,1-4.[31] (Rome, 1470).
Calpurnius Siculus (fl. 50-60). *Eclogues*, I,42-50.[32] (Rome, 1471?)
Juvenal (ca. 50-103?). *Satires*, VI,1-20.[33] (Rome, 1470).

Italian trans.: G. Summaripa (Tarvisio, 1480); Lodovico Dolce (Venice, 1538) (VI only).

Spanish trans.: Jerónimo de Villegas (Valladolid, 1519) (VI and X only).

Lactantius (ca. 250-330). *Divinae Institutiones*, V,5,6.[34] ("In monasterio Sublacensi," 1465)
Prudentius (348-ca. 410). *Contra Symmachum*, II,282-302.[35] (Venice, 1501)

[29] *Seneca's Tragedies*, with an English Translation by Frank Justus Miller, 2 vols., Loeb Classical Library (London-New York, 1927-29), pp. I, 358-59 (*Hyppolitus*); I, 256-57 (*Medea*); II, 438-39 (*Octavia*).

[30] *Seneca ad Lucilium Epistulae Morales*, with an English Translation by Richard M. Gummere, 3 vols., Loeb Classical Library (London-New York, 1930), pp. II, 396-403, 406-07, 422-29.

[31] *M. Val. Martialis Epigrammata Selecta. Select Epigrams from Martial*, with English Notes by F. A. Paley and W. H. Stone (London: Bell-Whittaker, 1890), pp. 430-31.

[32] *The Eclogues of Calpurnius*, Rendered into English Verse by Edward J. L. Scott (London: Bell, 1890), pp. 10-11.

[33] *Juvenal and Persius*, with an English Translation by G. G. Ramsay, rev. ed., Loeb Classical Library (London-Cambridge, Mass., 1950), pp. 82-85.

[34] Jacques-Paul Migne, *Patrologia Latina*, VI, cols. 564B-565A; *The Anti-Nicene Fathers*. Translations of the Writings of the Fathers down to A.D. 325, ed. Alexander Roberts and James Donaldson, American Reprint of the Edinburgh Edition, revised by A. Cleveland Coxe, VII (Buffalo: The Christian Literature Co., 1886), pp. 140-42.

[35] *Prudentius*, with an English Translation by H. J. Thompson, 2 vols., Loeb Classical Library (Cambridge, Mass.-London, 1949-53), pp. II, 26-29.

Claudian (fl. ca. 400). *In Rufinum,* I,51-57,380-87; *De raptu Proserpinae,* I,197-200; III,24-26.[36] (Vicenza, 1482)

Italian trans.: *De raptu Proserpinae:* Livio Sanuto ([Venice?, 1551]); T. Giovanni Scandianese (n.p., 1557); Annibale Nozzolini (Lucca, 1560); G. D. Bevilacqua (Palermo, 1568).

Spanish trans.: Lope de Vega?[37]

Boethius (ca. 480-524). *De consolatione philosophiae,* II, Metrum v,30-59.[38] (Venice, 1497-98)

Italian trans.: Anselmo Tanzo (Milan, 1520); Lodovico Domenichi (Florence, 1550); Benedetto Varchi (Florence, 1551); Cosimo Bartoli (Florence, 1551); Tomaso Tamburini (Milan, 1567).

Spanish trans.: Fr. Antoni Genebreda (Seville, 1497); Fr. Alberto de Aguayo (Seville, 1518); Pedro Sainz de Viana (ca. 1600); Fr. Agustín López (Valladolid, 1604).

Catalan trans.: Fr. Antoni Genebreda (Lérida, 1489).

Dante (1265-1321). *Inferno,* XIV,94-96; *Purgatorio,* XXII,145-52; XXVIII,139-44.[39] (Foligno, Venice, Mantua, 1472). *De Monarchia,* I,xi.[40] (Venice, 1512)

Spanish trans.: *Inferno:* Pedro Fernández de Villegas (Burgos, 1515).

Boccaccio (1313-75). *Genealogiae deorum gentilium,* VIII;[41] (Venice,

(This account, though hostile, does list some typical features of the Golden Age.)

[36] *Claudian,* with an English Translation by Maurice Platnauer, 2 vols., Loeb Classical Library (London-New York, 1922), pp. I, 30-31, 52-55 (*In Rufinum*); II, 306-09, 346-47 (*De raptu Proserpinae*).

[37] For the tradition of this now lost translation, see Theodore S. Beardsley, *Hispano-Classical Translations Printed Between 1482 and 1699,* Duquesne Studies Philological Series, 12 (Pittsburgh: Duquesne University Press, 1970), pp. 69-70.

[38] Boethius, *The Theological Tractates,* with an English Translation by H. F. Stewart and E. K. Rand, *The Consolation of Philosophy* with the English Translation of "I. T." (1609) Revised by H. F. Stewart, Loeb Classical Library (London-Cambridge, Mass., 1968), pp. 204-07.

[39] *La Divina Commedia,* edited and annotated by C. H. Grandgent, rev. ed. (Boston: Heath, 1933), pp. 132, 528-29, 590.

[40] *Monarchia.* Versione con testo a fronte, introduzione e commento di Angelo Camillo Volpe (Modena: Società Tipografica Modenese-Editrice, 1946), pp. 52-53.

[41] *Genealogiae* (Venice, 1494), reproduced in facsimile (New York-London: Garland, 1976), p. 61[v]. *La genealogia de gli dei de gentili.* Tradotta per M. Giuseppe Betussi (Venetia: Giacomo Sansovino, 1569), p. 134.

1478); *Madonna Fiammetta*, V;[44] (Padua, 1472); *Ninfale Fiesolano*, 40;[45] (Venice, 1477)

Italian trans.: *Genealogiae*: Giuseppe Betussi (Venice, 1547). *De mulieribus claris*: Vincentio Bagli (Venice, 1506); Giuseppe Betussi (Venice, 1547).

Spanish trans.: *De mulieribus claris*: Anon. (Zaragoza, 1494); *Madonna Fiammetta*: Pedro Rocha? (Salamanca, 1497).

Catalan trans.: *Madonna Fiammetta*: Fr. Moner (n.p., ca. 1500).

Fazio degli Uberti (ca. 1305-ca. 1367). *Il Dittamondo*, I,xii, 85-91; III,i,7-9; IV,xxvii,73-78.[46] (Vicenza, 1474).

Federico Frezzi (ca. 1350-1416). *Il Quadriregio*, II,ii,1-18.[47] (Perugia, 1481)

Tito Vespasiano Strozzi (1424-1505). *Eroticon*, I,vi,41-48.[48] (Venice, 1513)

Giovannantonio Campano (1429-1477). *Carmina*, II,ix,11-54.[49] (Rome, 1495)

Giovanni Pontano (1429-1503). *Parthenopeus*, I,vi,49-54; II,ii, 5-62.[50] (Naples, 1505). *De amore coniugali*, II,iv,27-52.[50] (Florence, 1514). *Urania*, II, "De Virgine."[50] (Florence, 1514)

Lorenzo de' Medici (1449-1492). "Selve d'amore," II, 84-117.[51] (Venice, 1515)

Michele Marullo (1453-1500). *Hymni naturales*, II,iv,31-47.[52] (Florence, 1497)

[42] *Tutte le opere di Giovanni Boccaccio*, a cura di Vittore Branca. X. *De mulieribus claris*, a cura di Vittorio Zaccaria, 2a ed., I Classici Mondadori (Milano: Mondadori, 1970), pp. 42-47.
[43] *L'Ameto. Lettere. Il Corbaccio*, a cura di Nicolà Bruscoli, Scrittori d'Italia, No. 182 (Bari: Laterza, 1940), pp. 72-73.
[44] *La Fiammetta*, ed. Giuseppe Gigli, Bibliotheca Romanica (Strasburgo: Heitz, n.d.), pp. 119-24.
[45] *Opere in versi—Corbaccio—Trattatello in laude di Dante-Prose latine—Epistole*, a cura di Pier Giorgio Ricci, La Letteratura Italiana: Storia e Testi, 9 (Milano-Napoli: Ricciardi, n.d.), p. 30.
[46] *Il Dittamondo e le rime*, a cura di Giuseppe Corsi, 2 vols. (Bari: Laterza, 1952), pp. I, 38; I, 183; I, 333.
[47] *Il Quadriregio*, a cura di Enrico Filippini (Bari: Laterza, 1914), p. 103.
[48] *Poeti latini del Quattrocento*, a cura di Francesco Arnaldi, Lucia Gualdo Rosa e Liliana Monti Sabia (Milano-Napoli: Ricciardi, 1964), pp. 260-61.
[49] *Poeti latini* (see n. 48), pp. 814-19.
[50] *Ioannis Ioviani Pontani Carmina—Ecloghe—Elegie—Liriche*, a cura di Johannes Oeschger, Scrittori d'Italia, No. 198 (Bari: Laterza, 1948), pp. 73, 104 (*Parthenopeus*); 157 (*De amore coniugali*); *Pontani Opera* (Venice: Aldus, 1533), pp. 35ᵛ-38ʳ (*Urania*).
[51] *Opere*, a cura di Attilio Simoni (Bari: Laterza, 1913), pp. 274-82.
[52] *Michaelis Marulli Carmina*, edidit A. Perosa (Turici, 1951), pp. 123-24.

Angelo Poliziano (1454-1494). "Stanze per la giostra," I, 18-21, 72.[53] (Venice, 1498)

Jacopo Sannazaro (1458-1530). *De partu Virginis*, III, 217-25.[54] (Rome, Naples, 1526). *Arcadia*, Ecl. III, 32-52; Ecl. VI, 67-114.[55] (Venice, 1502; Naples, 1504).

Italian trans.: *De partu Virginis*: Francesco Monosini (Venice, 1552); Geronimo Zoppio (Bologna, 1555); Antonio degli Actii (Milan, 1572); Eugenio Viedomini (Parma, 1575); Giovanni Giolito (Venice, 1588); Giovanni Francesco Soranzo (Venice, 1604); Giovanni Battista Barbo (Padua, 1604).

Spanish trans.: *De partu Virginis*: Gregorio Hernández de Velasco (Toledo, 1554).[56] *Arcadia*: Blasco de Garay, Diego López de Ayala and Diego de Salazar (Toledo, 1547).

Antonio Tebaldeo (1463-1537). "Egloga. Titiro e Mopso."[57] (Venice, 1535)

Henrique Cayado (ca. 1470-1508). *Eclogues*, IV,19-42.[58] (Bologna, 1496)

Ercole Strozzi (ca. 1473-1508). *Elegies*, I,ii.[59] (Venice, 1513)

Girolamo Fracastoro (1483-1553). *Carmina*, "Ad Ivlivm III Pontificem Maximum"; "Ad Ioan. Baptistam Tvrrianvm Veronensem."[60] (Venice, 1555)

Luigi Alamanni (1495-1556). "Chi desia d'acquistar terreno ed oro"; "Ecloga III."[61] (Florence, 1532-33). *La coltivazione*, II.[61] (Florence, 1546)

---

[53] *Stanze per la giostra—Orfeo—Rime*, a cura di Bruno Maier (Novara: Istituto Geografico de Agostini, 1969), pp. 38-39.

[54] *Poeti latini* (see n. 48), pp. 1190-91.

[55] *Arcadia*, a cura di Enrico Carrara, Collezione di classici italiani con note, 46 (Torino: U.T.E.T., 1948), pp. 26-27, 53-55.

[56] Francisco de Aldana's translation, "Parto de la Virgen" (Madrid: Madrigal, 1591) did not include the third book.

[57] *Egloghe boscherecce del secolo XV.XVI*, ed. Andrea Rubbi, *Parnaso Italiano*, vol. 16 (Venezia: Zatta, 1785), p. 28.

[58] *The Eclogues of Henrique Cayado*, edited with introduction and notes by Wilfred P. Mustard (Baltimore: The Johns Hopkins Press, 1931), pp. 35-36.

[59] *Strozii poetae pater et filius*, ed. A. P. Manutius (Venetiis: Aldus, 1513), pp. 55^r-55^v.

[60] *Versi e prose di Luigi Alamanni*. Edizione ordinata e raffrontata sui codici per cura di Pietro Raffaelli, 2 vols. (Firenze: Le Monnier, 1859), pp. I, 43-44, II, 438.

[61] Alamanni, ed. cit., II, 222-27.

Pseudo-Tansillo.[62] "Il vendemmiatore," xxv-xxviii.[63] (Venice, 1549)

Veronica Gàmbara (1485-1550). "Quando miro la terra ornata e bella," xv-xxi.[64] (Venice, 1554)

Gaspara Stampa (ca. 1523-1554). *Rime d'amore*, CCXLII, 25-42.[65] (Venice, 1553)

Torquato Tasso (1544-1595). *Aminta*, I,111-115, 656-707.[66] (Cremona, 1580)

Battista Guarini (1538-1612). *Il pastor fido*, IV,1394-1445.[67] (Ferrara, Venice, 1590).

Spanish trans.: Cristóbal Suárez de Figueroa (Naples, 1602)

Hernán Núñez (1463-1553), ed. Gloss on *copla* 46 of Juan de Mena's *Trescientas*.[68] (Antwerp, 1552)

Antonio de Guevara (1480?-1545). *Reloj de príncipes*, I,xxxi.[69] (Valladolid, 1520)

Luis de Zapata (1526-1595). *Carlo famoso*, XXII.[70] (Valencia, 1566)

Barahona de Soto (1548-1595). "Epístola dedicada a Martín de Morales"; "Juntaron su ganado en la ribera."[71] (Sevilla, 1896); "Dará la tierra sin haber sembrado."[71] (Madrid, 1890)

[62] The description of the Golden Age, by an unknown author, was interpolated first in the 1549 edition of "Il vendemmiatore." For details see *L'Egloga e i poemetti di Luigi Tansillo*, ed. Francesco Flamini (Naples, 1893), pp. xxxix-xlii.

[63] *Il Vendemmiatore del Sig. Lvigi Tansillo. Per addietro con improprio nome intitolato: Stanze di coltura, sopra gli orti delle Donne. Di nuovo riformato, e di più d'altrettante stanze arricchito, ed accresciuto* (n.p., n.d.), p. 9.

[64] *Lirici del Cinquecento*, a cura di Daniele Ponchiroli (Torino: U.T.E.T., 1958), pp. 454-55.

[65] Gaspara Stampa—Veronica Franco, *Rime*, a cura di Abdelkader Salza (Bari: Laterza, 1913), pp. 133-34.

[66] *Opere di Torquato Tasso*, a cura di Bortolo Tommaso Sozzi, 2 vols. (Torino: U.T.E.T., 1956), pp. II, 184, 205-06.

[67] *Il pastor fido*, a cura di Ettore Bonora, commento di Luigi Banfi (Milano: Mursia, 1977), pp. 207-08.

[68] *Todas las obras del Famosissimo poeta Iuan de Mena con la glosa del Comendador Fernan Nuñez sobre las trezientas; agora nueuamente corregidas y enmendadas* (Anvers: Martin Nucio, 1552). Cf. Schevill, *Ovid and the Renascence*, p. 75.

[69] *Libro avreo del gran Emperador Marco Avrelio, con el Relox de principes* (Madrid: Melchor Sánchez, 1658), p. 69'.

[70] As quoted by Márquez Villanueva, *Fuentes literarias cervantinas* (Madrid: Gredos, 1973), p. 162.

[71] Francisco Rodríguez Marín, ed., *Luis Barahona de Soto. Estudio biográfico, bibliográfico y crítico* (Madrid, 1903), pp. 734 ("Epístola"), 804 ("Juntaron su ganado..."), 840 ("Dará la tierra..."). This last composition was also published in *Diálogos de la Montería*, ed. Francisco R. de Uhagón, Sociedad de Bibliófilos Españoles (Madrid, 1890), pp. 357-58.

Jerónimo de Lomas Cantoral (1542?-1599?). "Cuando miro la
tierra rica y bella...," vv. 14-19.[71a] (Madrid, 1578)
Francisco de la Torre (later sixteenth century?). *Obras*, II, 3.[72]
(Madrid, 1631)
Agustín de Rojas (1572-after 1618). *Viaje entretenido*, "Loa de las
cuatro edades," 45-65.[73] (Madrid, 1603)
Miguel de Cervantes. *Trato de Argel*, Act II.[74]

Virtually no element of Don Quixote's discourse is original.
Indeed, its main purpose is surely to demonstrate to the
cultured reader the remarkable breadth and accuracy of the
hidalgo's knowledge of classical and of modern Italian and
Spanish literature. Under close examination the harangue
reveals itself as a mosaic of particles of literary reminiscences.
For ease of discussion we have divided it into twenty sections.[75]

1. "Dichosa edad y siglos dichosos aquellos"

This is, with trivial change, a repetition of the words that
open the second chapter of the novel: "Dichosa edad y siglo
dichoso aquel donde saldrán a luz las hazañas famosas mías."
The combination of words for "age" and "century" was
traditional: e.g. "Auenturata etade, e secol d'oro" (Dolce's trans.
of Ovid, *Met.*,I,89) and "En aquella primera edad y en aquel siglo
dorado" (Guevara). One suspects contamination by Horace's
"Beatus ille..." formula, which occurs in many versions of the
topos. The idea of the happiness of the Golden Age is necessarily
implicit or (more often) explicit in every version listed. Fray
Luis de León's use of "dichoso" in his translation of "Beatus
ille..." seems to have popularized the use of the epithet in
similar contexts.

2. "a quien los antiguos pusieron nombre de dorados,"

This, again, is a variation on a phrase used earlier by
Cervantes: "a quien nuestros antiguos le pusieron el dulce

[71a] *Obras*, ed. Lorenzo Rubio González (Valladolid: Diputación
Provincial, 1980), pp. 272-74.

[72] *Poesías*, ed. Alonso Zamora Vicente, Clásicos Castellanos, 124 (Madrid:
Espasa-Calpe, 1956), pp. 57-58.

[73] *El viaje entretenido*. Edición, introducción y notas de Jean Pierre Ressot
(Madrid: Castalia, 1972), pp. 479-80.

[74] *Comedias y entremeses*, ed. Schevill and Bonilla, V (Madrid, 1920), pp. 53-
54.

[75] Text cited from: *El ingenioso hidalgo Don Quijote de la Mancha*, ed. Luis
Andrés Murillo, I (Madrid: Castalia, 1978), pp. 155-57.

nombre de la edad dorada" (*Trato de Argel*). It is an accurate transposition of wording used by Ovid: "At vetus illa aetas, cui fecimus aurea nomen" (*Met.*,XV,96). No published translation is as close (Renaissance versions of the classics are generally paraphrases): "fue ditta" (Bonsignore), "llamamos" (Viana), "se llamaua" (Pérez), omitted (Augustini), the nearest to the original being Dolce's "cognome hebbe de l'oro." The evidence suggests that Cervantes studied Ovid in the original with great care, perhaps as a school text.[76] No other author's treatment is as close to Cervantes's as Ovid's.

> 3. "y no porque en ellos el oro, que en esta nuestra edad de hierro tanto se estima, se alcanzase en aquella venturosa sin fatiga alguna,"

Here is a free development of an idea expressed by some half-dozen authors, namely, that the Golden Age was not interested in gold; "Auro nullus honor" (Pontano, *De amore con.*,II,31); "nullus his auri fuit/caecus cupido" (Seneca, *Phaedra*, 527-8); "Copia cuique auri" (Campano, IX,17); "Alla prima età niuna sollecitudine d'oro fu" (Boccaccio, *Fiammetta*); "né il fèr disio i cor mortali afferra/d'oro" (Lorenzo, *Selve*, II,98,3-4). It would be natural for Don Quixote, addressing goat-herds, to introduce his terminological clarification.—Bustamante (trans. of Ovid, *Met.*,I,102) has "sin fatiga humana."

> 4. "sino porque entonces los que en ella vivían ignoraban estas dos palabras de *tuyo* o *mío*."

This theme, absent from classical treatments, was introduced by Boccaccio: "hinc meum et tuum venit in medium, nomina quidem inimica pacis publice et private" (*De mulieribus*); Domenichi added it gratuitously to his version of Boethius, and two Italian Renaissance poets used it in phrasing similar to Cervantes's: "né conosceva il mondo 'tuo' o 'mio'" (Lorenzo, *Selve*, II,84,8)—the closest—and "Non avea il mondo allor, nè mio, nè tuo,/Fiera semenza ond'ogni mal nascesse" (Pseudo-Tansillo, *Vendemmiatore*, xxvi,1-2). Zapata and Barahona diverge from the Cervantes pattern.

> 5. "Eran en aquella santa edad todas las cosas comunes;"

[76] Cf. Schevill: "Ovid was carried into the Renascence by the humanists, and so became a prominent part in the education of every one who attended the schools" (*Ovid and the Renascence*, p. 89).

The ancient writers emphasized common possession of the land—"tum tellus communis erit, tum limite nullo/discernetur ager," as Claudian puts it (*In Ruf.*, I,380-81). Exceptionally (Pseudo-Seneca, *Octavia*, 403) we read; "communis usus omnium rerum fuit." Two later writers express this thought in terms closely resembling those used by Cervantes: Pseudo-Tansillo: "Poi ch'ogni cosa era tra lor comune" (*Vendemmiatore*, xxvi,8) and Núñez: "En esta edad dizen los poetas que todas las cosas eran comunes."

Exegesis of the *Divina Commedia* led to the fourteenth-century exaltation of the Golden Age, seen as representing a life of Christian perfection.[77] The application of the term "holy" is, however, less frequent than one might expect. Sannazaro writes: "Pensando alle opre lor... chinato ad terra come sancte adorole" (*Arcadia*, VI, 97-9), but Cervantes's turn of phrase puts us in mind of Viana's mistranslation of Ovid, *Met.*,I,89 ("Aurea prima sata est aetas") as "La edad dorada santa," or, more immediately, of Barahona's "¡Oh santa edad dorada!" ("Juntaron su ganado"). Francisco de la Torre has "Salve sagrada edad."

> 6. "a nadie le era necesario para alcanzar su ordinario sustento tomar otro trabajo que alzar la mano y alcanzarle de las robustas encinas que liberalmente les estaban convidando con su dulce y sazonado fruto."

The mention of acorns was first made by Hesiod, and was virtually mandatory for every later writer. Some, however, added other fruit, e.g. Ovid (arbutus, cornel, mountain and blackberries—*Met.*, I,103-5), Campano (apples—IX,18) and Sannazaro (juniper berries and mulberries—*Arc.*,VI,95). References to the garnering of fruit are unexpectedly rare, being found only in Ovid ("legebant"—*Met.*,I,104) and Campano ("carpebant avida pendula poma manu"—IX,18); but Ovid's acorns are gathered from the ground: "et quae deciderant patula Iovis arbore glandes"—*Met.*,I,106. (The picking of acorns from the tree is, after all, a somewhat impractical pursuit.) "Robusto" is, of course, the pastoral epithet for the oak, Tasso speaks of the acorn as "dolce cibo" (*Aminta*, I,22), Lorenzo (*Selve*, II,85,1) characterizes the fruitful earth as "liberal", and Anguillara translates Ovid (*Met.*, I,102) freely as "Ogni soaue e delicato frutto/Daua il grato terren liberamente."

[77] Costa, *La leggenda dei secoli d'oro*, ch. 1.

7. "Las claras fuentes y corrientes ríos, en magnífica abundancia, sabrosas y transparentes aguas les ofrecían."

Horace (*Ep.*,XVI,47-48) first introduced water (from mountain streams) as a Golden Age beverage, but Ovid (*Met.*,I,111) preferred to postulate rivers flowing with milk and nectar; Claudian (*In Ruf.*,I,383-84) substituted wine and oil; the influential Boethius (II,v,10-11) reverted to the water of the swift stream. Italian humanists variously favoured water, milk, nectar and wine.

The linking of springs and rivers as sources of water-supply comes in with the Italian poets; Dolce expands Ovid's "flumina" (*Met.*,I,111) into "I chiari fiumi, e le fontane intatte" (the latter phrase borrowed from Sannazaro, *Arc.*,III,38); similarly, Varchi, with "chiaro riuo, o fonte" for Boethius's "lubricus amnis (II,v,11); Pontano combines "nectaris amnes" and "fontes lactis" (*De am. con.*,II,43-44) and Alamanni "le fonte e' rivi" (*La coltivazione*). Some Italian poets, following Horace and Boethius (*supra*) also, like Cervantes, particularised running waters; we may instance Alamanni ("correnti i fiumi"—"Chi desia . . .") and especially Lorenzo (*Selve*,II,85,7), whose phrasing bears a close resemblance to Cervantes's: "L'acque correnti dolci, chiare e liete," words which in turn recall Garcilaso's "corrientes aguas, puras, cristalinas."

The novelist's "magnífica abundancia" echoes Ovid's "magnificas opes" (*Fasti*,IV,404), and his linking of water and acorns as the sole sources of Golden Age sustenance the practice of a number of Cinquecento poets, most notably Tasso: "Stimò dolce bevanda e dolce cibo/l'acqua e le ghiande" (*Aminta*,I,22-23).

8. "En las quiebras de las peñas y en lo hueco de los árboles formaban su república las solícitas y discretas abejas, ofreciendo a cualquier mano, sin interés alguno, la fértil cosecha de su dulcísimo trabajo."

The mention of honey is ubiquitous in the descriptions, yet, curiously, that of bees is absent after Hesiod, who pictures oaks as bearing acorns at the top and bees in the middle. Virgil's "durae quercus sudabunt roscida mella" (*Ecl.*,IV,30) and "mellaque decussit foliis" (*Geo.*,I,131) won the day, later writers retaining the image of trees generally or oaks, pines or olives exuding honey, either from trunks or leaves. Ovid (*Am.*,III,viii,

40) provided a more realistic alternative: "in quercu mella reperta cava," a lead followed clearly only by Cervantes. (The versions given by Tibullus—"Ipsae mella dabant quercus" (*El.*,I,iii,45)—Alamanni—"Davan le querce il mel" (*La coltivazione*)—and Poliziano—"Ch'avean nel tronco mel" (*Stanze*,I,20, 8)—are all ambiguous in this context.) Viana, in his translation of Ovid's "densi frutices" (*Met.*,I,122) hazards "troncos huecos de árboles" as abodes of Golden Age humans. Not one of Cervantes's predecessors suggests cracks in rocks as homes of bees. "Solícitas abejas" recalls Garcilaso and Sannazaro, "discretas" the excessive use of this adjective in the pastoral novel, and "sin interés alguno" Pseudo-Tansillo's "senza altrui interesse" (*Vendemmiatore*, xxvi,4), used of women offering themselves promiscuously to men.

> 9. "Los valientes alcornoques despedían de sí, sin otro artificio que el de su cortesía, sus anchas y livianas cortezas, con que se comenzaron a cubrir las casas, sobre rústicas estacas sustentadas, no más que para defensa de las inclemencias del cielo."

Aliquando bonus dormitat Homerus! Cervantes forgets that in the Golden Age "ver erat aeternum" (Ovid, *Met.*,I,104), and that mortals did not suffer inclement weather until the onset of the Silver Age. In the first age they could rest in the shade of trees or in the open air; under Jupiter greater protection was sought, and, to quote Ovid, "tum primum subiere domus: domus antra fuerunt/et densi frutices et vinctae cortice virgae" (*Met.*,I,119-20). Miller (ed. cit.) renders this last phrase as "faggots bound together with bark," closely related to Cervantes's description. Nowhere else in the corpus is bark mentioned in this context, even in Ovid's translators, who all betray the text; witness, for example, Viana, who omits the phrase in question, or Pérez, who gives us "casas de espinas," or Dolce, who elaborates: "tetti e capanne/D'arbori e paglie, e d'intessute canne," or Anguillara: "frasche intese insieme." Here is fresh evidence that Cervantes had studied Ovid in the original and was closely conversant with his phraseology. The reason given by Cervantes for men's decision to build shelters is that also given by Ovid in the same passage, but is self-evident.

> 10. "Todo era paz entonces, todo amistad, todo concordia;"

This is a commonplace in the descriptions; "concordia" is somewhat unusual, but does occur, for example in Fracastoro's "Atque Amor, et iunctis pariter Concordia dextris" ("Ad Iulium III").

> 11. "aun no se había atrevido la pesada reja del corvo arado a abrir ni visitar las entrañas piadosas de nuestra primera madre,"

This and the next section provided the most popular of all motifs. Virgil referred to the absence of the hoe, Ovid (*Met.*,I,109) and Horace (*Ep.*,XVI,43) both seized on the phrase "tellus inarata." The fortune of the concept was then assured. Ovid (*Am.*,III,viii,39) also popularized mention of the curved ploughshare: "At meliora dabat, curvo sine vomere fruges." Most of the close parallels to Cervantes's passage we find in sixteenth-century Spain: Bustamante, in his version of *Met.*, I,109, couples, like the novelist, "reja" with "arado", and two verbs: "rompida ni labrada," and Viana, rendering *Met.*,I,121, gratuitously introduces "corvo arado"; he also turns Ovid's "inarata" as "sin romper las entrañas puras." It is, however, Barahona who comes nearest: in "Dará la tierra..." we read the line "Ni sufrirá la reja ni el arado" and, later, "Ni verá sus entrañas a azadones/la tierra abierta ni del corvo arado." Alamanni (*La coltivazione*) and Francisco de la Torre call the earth, in the same context, respectively "l'antica Madre" and "madre universal de lo criado," harking back to Virgil's "Salve, magna parens frugum, Saturnia tellus" (*Georgics*,II,173) and Pseudo-Seneca's "et ipsa Tellus laeta fecundos sinus/pandebat ultro, tam piis felix parens/et tuta alumnis" (*Octavia*, 404-06).

> 12. "que ella, sin ser forzada, ofrecía por todas las partes de su fértil y espacioso seno lo que pudiese hartar, sustentar y deleitar a los hijos que entonces la poseían."

This formula is virtually unchanged from Hesiod (*Works and Days*, 117-18): "καρπὸν δ' ἔφερε ζείδωρος ἄρουρα αὐτομάτη("For the fruitful earth unforced bore them fruit abundantly and without stint"). "Sin ser forzada" is, in various forms, a constant refrain: "sponte", "ultro", "ipsa", "laeta", "da se stessa", "de si misma", "per se"; the use of "seno" naturally extends that of "entrañas," but has, exceptionally, an antecedent in the passage from *Octavia* quoted in section 11; similarly, "madre" naturally introduces "hijos", though Cervantes's phrasing is anticipated by Alamanni's "l'antica Madre... nodriva i figli" (*La coltivazione*). Viana and Bustamante, in their versions of Ovid, both employ "sustentación", and Boccaccio (*Ameto*) calls the earth "sostentitrice".

> 13. "Entonces sí que andaban las simples y hermosas zagalejas de valle en valle y de otero en otero, en trenza y en cabello, sin más vestidos de aquellos que eran menester para cubrir honestamente lo que la honestidad quiere y ha querido siempre que se cubra,"

It was not until Tibullus that the ancient poets admitted the existence of the fair sex in the Golden Age. Tibullus's view of Saturn's reign as filled with the open enjoyment of the delights of Venus (*Eleg.*,II,iii,69-72) found, however, little favour at the time. Ovid mentions lovers in the Golden Age, but adds "Tanta rudi populo cura pudoris erat!" (*Ars Am.*,II,624); Juvenal begins his Sixth Satire with the words: "Credo Pudicitiam Saturno rege moratam/in terris." This conception appealed to the early Italian humanists: "sotto'l cui rege fu già il mondo casto" writes Dante (*Inf.*,XV,96), and Boccaccio (*Ameto*) echoes him: "Saturno... governava... sotto caste leggi." But with the full Renaissance there set in a reaction that finds its fullest expression in works such as Pseudo-Tansillo's *Vendemmiatore* ("Nè femina sapea, nè sapea uomo/Che cosa fosse onor, che viver casto"—xxv,3-4) and Tasso's *Aminta*, with its famous "S'ei piace, ei lice"— to which Guarini made the equally famous rejoinder: "dettava onestà: Piaccia, se lice." Cervantes is here using a discussion of Golden Age clothing to make it clear that the elderly *hidalgo* sides unequivocally with Guarini in this debate. Lines of the *Vendemmiatore* (xxvii,3-7) and *Aminta* (I,688-91) celebrating female nudity were probably not such as to commend themselves to either the novelist or his protagonist. Yet it is, curiously, Pseudo-Tansillo who provides the antecedent for "en trenza y en cabello": "Non eran veli ancor.../Onde l'aureo crin si chiude" (xxvii,3-4). Cervantes's free-roaming maidens were preceded by the wandering pairs of lovers of Sannazaro—"Givan di prato in prato" (*Arc.*,VI,104)— and Lorenzo: "soletti e lieti van per la campagna" (*Selve*,II,103,6).

> 14. "y no eran sus adornos de los que ahora se usan, a quien la púrpura de Tiro y la por tantos modos martirizada seda encarecen,"

Cervantes's predecessors occasionally established this type of comparison between Golden Age and later raiment; one may instance Seneca (Ep.,XC), Boethius (II,v,8-9) and Alamanni (La coltivazione). Perhaps the closest parallels are to be found in Boccaccio's Ameto: "e il sangue del Tiro non era ancora conosciuto, né caro,..." and Lorenzo's Selve (II,104,1-3): "Qual porpora non perde a que' colori,/qual grana o chermisi o in lana o in seta?/qual argento, qual oro agguaglia i fiori?" This last quotation should be considered in conjunction with the next section.

15. "sino de algunas hojas verdes de lampazos y yedra, entretejidas,"

References to clothing in the Golden Age are uncommon. Virgil (Ecl.,IV,43-5) prophesies that in the new Golden Age sheep will grow fleece naturally tinted purple, yellow or scarlet, an astonishing suggestion that only Claudian (In Ruf.,I,385-87) takes up again. Prudentius (Contra Symm.,II,290,300-01) and Boccaccio (Ameto) postulate animal skins. Only Lorenzo (Selve,II,103,8) envisions coverings of leaves: "I panni son le fronde, e' fior ghirlande," a statement that, significantly, leads immediately to the lines quoted in the last section.

16. "con lo que quizá iban tan pomposas y compuestas como van agora nuestras cortesanas con las raras y peregrinas invenciones que la curiosidad ociosa les ha mostrado."

This rhetorical development parallels that of Lorenzo cited above: "Qual porpora non perde a que' colori...?" No other antecedents have been noted.

17. "Entonces se decoraban los concetos amorosos del alma simple y sencillamente, del mesmo modo y manera que ella los concebía, sin buscar artificioso rodeo de palabras para encarecerlos."

Guarini (Pastor fido,IV,ix,30-31) had expressed the same idea in simpler style: "Avean Pastori e Ninfe/Il cor nelle parole," which may in turn have been suggested by Alamanni's "Quanto ha di dolce amor, venia nel [sic] core" ("Chi desia d'acquistar..."). The theme is a tenuous late growth, and may have taken root independently in all three writers as the result of their contemplation of a primitive world of innocence and truth, especially as contrasted with the later ages of fraud and deceit (see the next section).

18. "No había la fraude, el engaño ni la malicia mezcládose con la verdad y llaneza."

The contrast was early established by Ovid: in the Iron Age, we are told, shame fled with truth and faith, and in their place came deceits and trickery and other evils: "in quorum subiere locum fraudesque dolique/insidiaeque..." (*Met.*,I,128-29); the poet later repeated this combination of *fraus* and *insidiae*: "cuncta sine insidiis nullamque timentia fraudem" (*Met.*,XV,102). Italian poets echoed it: "Non si temean le frodi, nè gli inganni" (*Vendemmiatore*,xxvii,7) and "I difetti mortai, gl'inganni e le frodi" (Alamanni, *La colt.*). It is significant that Cervantes links the two words again in *Trato de Argel*, in a context similar to the present one.

19. "La justicia se estaba en sus proprios términos, sin que la osasen turbar ni ofender los del favor y los del interese, que tanto ahora la menoscaban, turban y persiguen. La ley del encaje aún no se había sentado en el entendimiento del juez, porque entonces no había qué juzgar, ni quién fuese juzgado."

This motif goes back to Aratus, who tells how Justice dwelt among men in the Golden Age and urged them to initiate equitable laws. For Ovid, Saturn's reign was one of faith and righteousness, without need of judges or laws: "quae vindice nullo/sponte sua, sine lege, fidemque rectumque colebat" (*Met.*,I,89-90); the people, adds the poet, did not fear the words of its judge, being safe without protectors (I,92-93). Thereafter, except for a brief awakening in *Octavia* (397-99), the theme lay dormant until the days of Cervantes and Barahona, who, like the novelist, assailed the justice of his time: "Contra el mezquino vive la justicia,/No contra el potentado... Cada uno la administra por su gusto" ("Epístola"), a statement resembling in substance Cervantes's.

20. "Las doncellas y la honestidad andaban, como tengo dicho, por dondequiera, sola y señora, sin temor que la ajena desenvoltura y lascivo intento le menoscabasen, y su perdición nacía de su gusto y propria voluntad."

All this reads like a paraphrase of Boccaccio's *Fiammetta* (V): "e quel che più e meglio era a costoro, era Cupido non essere ancora nato, per la qual cosa i casti petti... potevano vivere sicuri," or "entrò nel mondo il duca e facitore di tutti i mali, ed artefice de' peccati, il dissoluto amore..." The same idea was expressed by Italian Renaissance poets; Poliziano wrote: "Lussuria entrò ne' petti e quel furore/Che la meschina gente chiama amore" (*Stanze*,I,21,7-8), and Alamanni: "Venne il lascivo amor, di cui veggiamo/I giovinetti cor preda e rapina" (*La colt.*). It is a simple speculation that Cervantes's final remark may have been prompted by a consideration of Fiammetta's rhetorically narrated misadventures!

We have established many parallels between Don Quixote's discourse and its antecedents; some may be considered the work of coincidence, but the weight of the evidence suggests that Cervantes was familiar with a number of descriptions—Latin, Italian and Spanish—of the Golden Age. That he had studied Ovid's in the original, and those of Lorenzo de' Medici and Barahona de Soto (praised in the Scrutiny of the Library) is beyond reasonable doubt; but it is a fair assumption that he had read most, if not all, of the versions of Boccaccio, Alamanni, Pseudo-Tansillo, Tasso and Guarini in the vulgar tongue, as well as those of Sannazaro, whose pastoral novel contributed to the elaboration of *La Galatea*. What indeed strikes the investigator above all is the impression of the deep and pervasive influence on Don Quixote's discourse of the Italian treatments. The fact suggests that we should proceed to a thorough re-examination of the Italian elements of Cervantes's culture.

UNIVERSITY OF TORONTO

Ambivalencia del estilo elevado en Cervantes

ANTHONY CLOSE

A AMBIVALENCIA DE que vamos a tratar podría imaginarse como una encrucijada en un camino procedente del género pastoril. En la encrucijada, el camino se bifurca, ofreciendo la posibilidad de alcanzar dos metas muy distintas: lo sublime—efecto del estilo retórico elevado; lo ridículo—efecto de la parodia del mismo. Paradójicamente, aunque las metas parecen contrarias, los caminos que llevan a ellas no lo son. Trazan líneas casi paralelas, y en algunos puntos, llegan a confundirse. Demostrémoslo.

A poco de iniciar su primera salida, Don Quijote pronuncia un soliloquio que contiene esta conocidísima descripción del alba: "Apenas había el rubicundo Apolo tendido por la faz de la ancha y espaciosa tierra las doradas hebras de sus hermosos cabellos, y apenas los pequeños y pintados pajarillos con sus arpadas lenguas habían saludado con dulce y meliflua armonía la venida de la rosada aurora, que, dejando la blanda cama del celoso marido, por las puertas y balcones del manchego horizonte a los mortales se mostraba, cuando el famoso caballero don Quijote de la mancha, dejando las ociosas plumas, subió sobre su famoso caballo Rocinante, y comenzó a caminar por el antiguo y conocido campo de Montiel."[1] Al fin del soliloquio, el "editor" Cervantes pone la siguiente apostilla, cuya idea esencial han ido repitiendo los sucesivos editores del *Quijote* desde tiempos de Pellicer: "Con éstos iba ensartando otros disparates,

---

[1] Cito por la edición de L. A. Murillo, 2 tomos (Madrid, 1978), I, 80.

todos al modo de los que sus libros le habían enseñado, imitando en cuanto podía su lenguaje". Ahora bien, la afirmación de Cervantes plantea varios problemas. De ella se infiere no sólo que el discurso debe leerse como una parodia del estilo de los libros caballerescos, sino también, por implicación lógica, que Cervantes se comportó como su héroe al componerlo. Es decir, imitó en cuanto pudo el lenguaje de dichos libros. Y esta inferencia es demostrablemente falsa. Diego Clemencín, que la da por sentada, intenta demostrar su validez en su edición del *Quijote* citando este pasaje de *Belianís de Grecia*: "Cuando a la asomada de Oriente el lúcido Febo su cara nos muestra, y los músicos pajaritos las muy frescas arboledas suavemente cantando festejan, mostrando la muy gran diversidad y dulzura y suavidad de sus tan arpadas lenguas...."[2] Sin duda, entre las numerosas descripciones del alba, de la noche, de las estaciones del año—a cual más rimbombante y ampulosa—que pueden leerse en *Amadís de Grecia, Florisel de Niquea, Belianís de Grecia*, etcétera, ésta es la que más se parece al soliloquio de Don Quijote. Pero aun así, hay una diferencia manifiesta de estilo entre los dos pasajes, y esto fue reconocido por el mismo Clemencín, en la citada nota, al contrastar "la armonía y belleza del lenguaje" de Cervantes con "la pedantería y el fastidio" de los textos que pone en ridículo. Si reflexionamos un poco, nos damos cuenta de que Cervantes no ha hecho ningún esfuerzo sistemático por remedar rasgos de estilo que pudieran considerarse típicamente "caballerescos": arcaísmos, sintaxis anticuada, "intricadas razones." Crea la ilusión de que está imitando este tipo de lenguaje mediante dos trucos principales: la destacada posición inicial de la frase "el rubicundo Apolo," que recuerda giros como "el flamígero Apolo," "el radiante Febo," etcétera, característicos de la lectura preferida de Don Quijote; y un efecto general de preciosismo exagerado que, por razones de contexto, conectamos mentalmente con ese tipo de lectura. Aparte de eso, ha conservado las características de su propio estilo. En efecto, más que a nadie, Cervantes se ha imitado o parodiado a sí mismo, ya que, para lograr un efecto de rebuscamiento ridículo en su descripción del alba, ha puesto a contribución muy libremente los recursos estilísticos empleados en las diez descripciones del alba que figuran en *La Galatea*.

_____

[2] *El ingenioso hidalgo Don Quijote de la Mancha*, editado por Diego Clemencín, 6 tomos (Mardid, 1833-39), I, 26 (nota).

El cotejo del pasaje de *Don Quijote* I, 2, con sus precedentes de *La Galatea* no deja lugar a dudas. La semejanza que salta a la vista en seguida entre aquél y éstos consiste en el uso de la estructura "apenas... cuando...," la cual, con otras semejantes ("ya que...," "cuando...," "viendo que ya..."), sirven para introducir el contraste entre la aurora y los mortales. Se trata, pues, de una fórmula habitual, que Cervantes asocia instintivamente a este tópico y tiende a sacar a colación siempre que lo trata. Algo parecido podría decirse de todos los conceptos, figuras, e imágenes empleados por Don Quijote. Se basan, directa o indirectamente, en paradigmas estilísticos que se repiten en *La Galatea* con frecuencia. Para ahorrar espacio, voy a entresacar los trozos de *La Galatea* que hacen a nuestro caso, subrayando las frases y voces que se transmiten al *Quijote*, sea directamente, sea con modificaciones y ampliaciones ligeras. Cito según la edición de Schevill y Bonilla:[3] "Pero ya que *la blanca Aurora dejaba el lecho del celoso marido...*" (I, 41); "antes que *la fresca aurora* perdiese el rocío aljofarado de *sus hermosos cabellos*" (I, 63); "Mas *apenas el claro sol había* con sus calientes rayos deshecho... *cuando las tres pastoras, dejando los ociosos lechos...*" (I, 92); "Mas *apenas había dejado la blanca aurora el enfadoso lecho del celoso marido, cuando dejaron los suyos todos los más pastores* de la aldea" (I, 183); "esperando que del todo *el claro sol sus rayos por la faz de la tierra extendiese...*" (I, 87); "Cuando el sol comenzaba a *tender sus rayos por la faz de la tierra*" (II, 5); "y viendo que ya el sol apresuraba su carrera para entrarse por *las puertas de occidente...*" (II, 90); "comenzaba ya *la blanca aurora* a dar señales de *su nueva venida...*" (II, 133); "*Apenas habían los rayos del dorado Febo* comenzado a dispuntar por la más baja línea de *nuestro horizonte...*" (II, 185); "comenzaba a descubrirse por *las orientales puertas la fresca aurora* con sus *hermosas* y variadas mejillas, alegrando el suelo, aljofarando las hierbas y *pintando* los prados, cuya deseada *venida comenzaron luego a saludar las parleras aves...*" (II, 282). A las correlaciones evidentes podríamos sumar otras: la tendencia a agrupar epítetos y sustantivos en sartas prolijas y cadenciosas; la correspondencia general entre el léxico de Don Quijote y el del elogio de la naturaleza en *La Galatea* (compárese, por ejemplo, "los pequeños... pajarillos... con dulce y meliflua harmonía" con "convidada de la suave harmonía de los dulces pajarillos" en *La Galatea*, I, 52).

³ *La Galatea* (en *Obras completas de Miguel de Cervantes Saavedra*), ed. R. Schevill y A. Bonilla, 2 tomos (Madrid, 1914).

Esta comparación detallada hace resaltar un hecho interesante: los recursos estilísticos usados en *La Galatea* no sufren deformación, al menos en cuanto a su cualidad intrínseca, al pasar a un contexto burlesco. Cervantes disponía de varios métodos para lograr un efecto caricaturesco: empleo de arcaísmos caballerescos; empleo de cultismos extravagantes ("la opción Quevedo"); altibajos de estilo estrafalarios y un tono familiar e insultante ("la opción Góngora," típica de los romances burlescos gongorinos). Pero no se ha valido de ellos. A este propósito, podría creerse que *rubicundo* y *arpadas* son términos absurdamente afectados. Si bien es cierto que para Cervantes y sus coetáneos serían voces insólitas y preciosistas, no puede tachárseles de cultismos ridículos. No figuran entre las palabras censuradas en las polémicas anti-cultistas de los años 1615 a 1620. *Rubicundo* puede leerse en una descripción del alba de Gaspar Gil Polo; *arpadas* viene en *La Celestina*.[4] ni siquiera incurre en afectación excesiva la imagen—para nosotros absurda—de Apolo tendiendo por la faz de la tierra las doradas hebras de sus hermosos cabellos. Entre los trozos de *La Galatea* citados en el párrafo anterior pueden encontrarse metáforas igualmente rebuscadas. Pues bien, la comparación que acabamos de llevar a cabo pudiera repetirse con otros muchos pasajes del *Quijote*. En unos, como ocurre en el ejemplo citado, la parodia repite motivos estilísticos que ya habían aparecido en una obra no cómica de Cervantes; en otros, a la inversa, la versión seria viene después y se inspira en la parodia. Se realiza así un proceso de trasvase continuo entre zonas opuestas de la obra de Cervantes, en el cual el material trasvasado no cambia de naturaleza a pesar de los cambios de intención que rigen su empleo. Veamos un ejemplo más complejo de este fenómeno. En este caso podemos establecer una relación genealógica entre tres textos cervantinos. El elogio de las riberas del Tajo en *La Galatea*, libro VI engendra la descripción de un paisaje imaginario hecha por Don Quijote, y ésta, a su vez, engendra la visión soñada de un paraíso terrenal, relatada por Periandro en *Persiles y Sigismunda* libro II, capítulo 15.

La mencionada descripción aparece en la narración de un lance caballeresco imaginario, con la cual Don Quijote intenta poner ante los ojos del canónigo de Toledo los encantos que los libros de caballerías proporcionan a sus lectores. El protagonista

---

[4] Según Corominas, en su *Breve diccionario etimológico*, ambas palabras se introdujeron en castellano el el siglo XV.

del cuento (*Don Quijote* I, 50; ed.cit., I, 584-85), al tirarse a las profundidades del lago hirviente, "se halla entre unos floridos campos, con quien los Elíseos no tienen que ver en ninguna cosa" (compárese lo dicho por Elicio en *La Galatea*: "si en alguna parte de la tierra los campos Elíseos tienen asiento, es, sin duda, en ésta" [ed. cit., II, 189]). "Allí le parece," sigue Don Quijote, "que el cielo es más transparente, y que el sol luce con claridad más nueva" (compárese: "ha hecho cierto la experiencia que... encima de la mayor parte de estas riberas se muestra un cielo luziente y claro, que, con un largo movimiento y con vivo resplandor, parece que convida a regozijo al corazón" [II, 187-88]). Dice Don Quijote: "Ofrécesele a los ojos una apacible floresta de tan verdes y frondosos árboles compuesta, que alegra a la vista su verdura, y entretiene los oídos el dulce y no aprendido canto de los pequeños, infinitos y pintados pajarillos que por los intricados ramos van cruzando" (aquí se repite el tópico de la verde y amena floresta, frecuente en *La Galatea* [p.ej., II, 188, 199] y se anticipan las palabras de Periandro: "satisfacía a todos nuestros cinco sentidos lo que mirábamos... a los oídos... con el son de los infinitos pajarillos, que, con no aprendidas voces formado, los cuales, saltando de árbol en árbol y de rama en rama, parecía que en aquel distrito tenían cautiva su libertad").[5] Dice Don Quijote: "Aquí descubre un arroyuelo, cuyas frescas aguas, que líquidos cristales parecen, corren sobre menudas arenas y blancas pedrezuelas, que oro cernido y puras perlas semejan: acullá ve una artificiosa fuente de jaspe variado y de liso mármol compuesta; acá ve otra a lo brutesco adornada, adonde las menudas conchas de las almejas con las torcidas casas blancas y amarillas del caracol, puestas con orden desordenada, mezclados entre ellas pedazos de cristal luciente y de contrahechas esmeraldas, hacen una variada labor, de manera que el arte, imitando a la naturaleza, parece que allí la vence" (compárese, para la analogía entre arroyo y perlas, cristal, oro, *Persiles*, I, 275; para la descripción de la fuente, *La Galatea*, II, 190-91; para el elogio del arte, basado en su competición o colaboración con la naturaleza, *La Galatea*, II, 188-89).

Las premisas de la narración de Don Quijote presuponen que lo va componiendo—y que lo compuso Cervantes—con la mira puesta directamente en los libros de caballerías. Y aquí se

[5] Para la descripción de la isla que hace Periandro, vid. *Persiles y Sigismunda* (en *Obras completas de M. de C. S.*), ed. R. Schevill y A. Bonilla, 2 tomos (Madrid, 1914), I, 274-75.

vuelve a plantear la paradoja implícita en el juicio de Cervantes sobre el soliloquio de su héroe en Don Quijote, I, 2. Porque, si bien lo que sigue a lo arriba citado—descripción de un castillo fabuloso y de cómo el caballero es acogido en él por una comitiva de doncellas—imita las situaciones de dichos libros con un lujo de detalles típicos, la pintura del paisaje elíseo carece de rasgos privativos del género caballeresco. Podría decirse, quizás, que, está vinculada con éste de forma muy general, ya que contiene claras reminiscencias del episodio de la isla de la maga Alcida en el Orlando furioso de Ariosto, Canto VI, 20 siguientes, y también del episodio en que se describen el palacio y los jardines de la maga Armida, en la Gerusalemme liberata de Tasso, Cantos XV, 53 siguientes, y XVI, 1-17. Sin embargo, los temas tratados en ambos contextos—tema del palacio de amor y del lugar ameno—rebasan el ámbito caballeresco. Bien lo sabía Cervantes. Esa fuente "a lo brutesco adornada," tan exquisitamente descrita por Don Quijote, es un recuerdo de textos como la Arcadia de Sannazaro (descripción de la gruta en la "Prosa" 12), la Arcadia de Lope de Vega (descripciones de monumentos), o incluso la carta para Arias Montano de Francisco de Aldana, líneas 745 siguientes.

El propósito fundamental de Cervantes en el relato del Caballero del Lago es paródico; quiere provocar la risa. Testimonio de ello son: las intenciones disparatadas de Don Quijote, quien se propone, entre otras cosas, demostrar la veracidad de los libros de caballerías; los detalles fabulosos que contiene el relato; y por último, la descripción del caballero mondándose los dientes después de la comida—evocación de la figura del hidalgo hipócrita. Y, sin embargo, un largo trozo del relato está escrito, si no con las mismas frases, al menos con las mismas imágenes, analogías, e hipérboles que Cervantes había empleado en La Galatea y que volvería a emplear en Persiles y Sigismunda. Las preguntas surgen automáticamente. Si la versión paródica tiene los mismos elementos que las versiones graves, ¿dónde radica el efecto paródico? Y, ¿cómo se puede comprender la actitud de un escritor que intenta provocar la risa con materia que, en otros contextos, nada tiene de ridículo, sino todo lo contrario? ¿Qué es lo que esto revela acerca de la concepción cervantina de la parodia y del estilo elevado?

Conviene aclarar primero que nos hemos limitado a examinar pasajes del Quijote donde el grado de deformación caricaturesca es muy reducido. En otros pasajes—por ejemplo, la narración de la aventura de la cueva de Montesinos—es mucho mayor. No estamos tratando de la parodia cervantina en general, sino de una de sus manifestaciones principales, muy típica de la ironía de Cervantes. Sin embargo, aun en los pasajes de "parodia de estilo alto," Cervantes da indicios (el caballero que se monda los dientes) que anuncian patentemente: "Estas no son veras, sino burlas." Pero el efecto paródico de tales pasajes depende principalmente de otros factores: primero, la contradicción entre las circunstancias tal como son realmente y la imagen que Don Quijote tiene de ellas; segundo, el hecho de que Cervantes eleva el estilo lo más posible justamente cuando el decoro, máximo determinante de las conveniencias retóricas, exige lo contrario; tercero, el aspecto artificialmente "literario" del estilo, resultado, en gran parte, de los factores precedentes. Los puntos segundo y tercero merecen ampliación.

Aunque, en la descripción del alba en *Don Quijote* I, 2, las aportaciones de *La Galatea* no quedan deformadas, Cervantes ha cometido una infracción graciosa contra el principio que debería regir la ornamentación retórica: la moderación. Ha reunido en un solo pasaje buen número de los tropos parcamente repartidas por diez contextos en *La Galatea*, y, para colmo, les ha añadido unos cuantos más. El contraste entre derroche de elegancia y falta de justificación adecuada resulta incluso más chocante si tenemos en cuenta que el estilo elevado suele expresar emociones hondas y nobles. Para aquilatar el puritanismo de Cervantes en lo que a la ornamentación retórica se refiere, conviene recordar la distinción hecha por el perro Cipión, en *El coloquio de los perros*, entre los cuentos que "tienen la gracia en ellos mismos" y los que la tienen "en el modo de contarlos."[6] Muestra su preferencia por aquéllos, diciendo que "aunque se cuenten sin preámbulos y ornamentos de palabras, dan contento." Esta actitud austera se hace incluso más patente en las reacciones del auditorio que escucha la larga narración de Periandro en el libro segundo de *Persiles y Sigismunda*.[7] Llevado por prejuicios típicamente varoniles, Cervantes ha dividido a los oyentes en dos tipos, que podríamos calificar de "lectores hembra" y "lectores macho." El primer tipo, representado por las mujeres (Transila,

6 *Novelas exemplares* (en *Obras completas de M. de C. S.*), ed. R. Schevill y A. Bonilla (Madrid, 1922-25), III, 159.
7 *Persiles y Sigismunda*, ed. cit., I, 275-76, 278-79.

Auristela), se complace de modo ingenuo y entusiasta en los vuelos de ingenio y fantasía del narrador; el segundo, personificado en los hombres, mira con ironía y hasta con impaciencia su desacato al criterio sostenido por el perro Cipión, viendo en ello no sólo un alarde de ostentación, sino también una falta de verosimilitud. Y hasta el narrador parece estar de acuerdo con los "lectores macho," confesando al fin de su relato que todo fue un sueño; las hipérboles de la licencia poética, implica Periandro, no son para este mundo.

El derroche de elegancia, táctica fundamental de la parodia de estilo alto, llama nuestra atención sobre el aspecto artificialmente "literario" del estilo empleado en ella. Angel Rosenblat, en *La lengua del* Quijote, señala cuán a menudo se encuentran citas literarias en la gran novela y que casi siempre funcionan con finalidad cómica. Esta observación podría llevarse mucho más lejos. Es evidente que las citas literarias son sólo un aspecto de la alusión literaria en general—fenómeno de enorme trascendencia en el *Quijote*. La alusión literaria suele operar de modo indirecto, casi subterráneo. Ya hemos señalado cómo en la descripción del alba en *Don Quijote* I, 2 el uso de *rubicundo* y *arpadas* trae vagamente al recuerdo cierto estilo de escritura preciosista y anticuada: los lectores coetáneos de Cervantes habrían pensado, quizás, en *La Celestina* y en *La Diana enamorada*. El hecho de que esa descripción no se ciña exclusivamente a modelos caballerescos, y mantenga, además, un nivel de culta elegancia, amplía el horizonte de alusiones y nos hace conscientes de la difusión de este tópico literario por muchos géneros y obras. El relato de la aventura imaginaria en *Don Quijote* I, 50 sería un buen ejemplo de ello. A mi juicio, es un fenómeno muy significativo, que nos da la clave para contestar a las preguntas anteriormente planteadas.

Entre los escritores de su época, nadie era tan consciente como Cervantes de la latente cualidad fosilizada del bello material de imágenes y conceptos convencionales manejados por las grandes tradiciones literarias del Renacimiento. Parece haber sido el único en darse cuenta de que, para hacer resaltar esa cualidad, no era preciso deformar el material; bastaba con quitarle razón de ser psicológica y prodigarlo con entusiasmo gratuito, para dejarlo flotando en un vacío irónico. Por ejemplo, en la historia de Leandra (*Don Quijote* I, 51), para ridiculizar el tema de la queja pastoril, Cervantes hace que toda una horda de pastores salga a una de su pueblo y se vaya al monte a lamentar la crueldad de Leandra, quejándose éste de ligereza, aquél de desdén, ése de deshonestidad, el otro de ausencia. Reducidos los pastores a muchedumbre o rebaño, y sus quejas a un Babel de acusaciones contradictorias, éstas se convierten en estereotipos absurdos. Hay una evidente afinidad entre la ironización de las convenciones pastoriles y la parodia del estilo elevado en la obra cervantina. Las quejas desesperadas y gratuitas de los amantes de Leandra recuerdan al pie de la letra las locuras penitenciales de Don Quijote en la sierra. Y esto nos recuerda que a lo largo de la primera parte del *Quijote* la sátira del género pastoril se asocia con bastante frecuencia a la sátira del género caballeresco. Lo que infiero de ello es que la ironía de Cervantes ante ambos géneros es suscitada por motivos afines, aunque no idénticos, y los recursos por los que se expresa están emparentados. Para él y para su época, la novela pastoril le permitía al autor dar rienda suelta a la licencia poética, en verso o en prosa. Como él mismo dice en el prólogo a *La Galatea*, le permite "enriquecer... su propria lengua, y enseñorearse del artificio de la elocuencia que en ella cabe" (ed.cit., I, xlviii). Dicho de otro modo, la novela pastoril deja el campo abierto a los lectores y creadores "hembra," y por esa misma razón, debía de haber agudizado los escrúpulos latentes de lector y creador "macho" que ya incubara Cervantes en 1585. De ahí la técnica tan original que encontró unos viente años más tarde para parodiar los libros de caballerías: una imitación de ellos que tiende continuamente a mezclarse con la evocación irónica de los tópicos literarios elevados en general.

No ha dejado constancia de esa actitud ambivalente hacia el estilo elevado en *La Galatea*; tenía buenos motivos para ocultarla en esta novela. Pero podemos atisbarla con frecuencia en las obras no cómicas que escribió más tarde, y es fácil comprobar su conexión con las técnicas inherentes a la parodia de estilo alto. En el libro tercero de *La Galatea*, Erastro pronuncia el siguiente himno petrarquista a la belleza de la heroína: "¿Qué miras, pastor, si a Galatea no miras? Pero ¿cómo podrás mirar el sol de sus cabellos, el cielo de su frente, las estrellas de sus ojos, la nieve de su rostro, la grana de sus mejillas, el color de sus labios, el marfil de sus dientes, el cristal de su cuello, el mármol de su pecho?" (ed.cit., I, 193-94). Encontramos una retahíla de atributos algo parecida en *El laberinto de amor*: "Advierte y mira/que ya no es Rosamira Rosamira:/las trenzas de oro y la espaciosa frente,/las cejas y sus arcos celestiales,/el uno y el otro sol resplandeciente,/las hileras de perlas orientales,/la bella aurora que del nuevo Oriente/sale de las mejillas, los corales/de los hermosos labios, todo es feo,/si a quien lo tiene infama infame empleo."[8] Aquí se refuerza la exquisitez de la descripción para subrayar la moraleja desengañada, y para insinuar también la ceguera del amante que ama a una mujer infame. En cierto pasaje de la novela *El amante liberal* observamos una intención semejante. El protagonista, Ricardo, se nos presenta al principio de la novela como un joven valiente, impulsivo, apasionado. En conversación con Mahamut, hace un elogio de su dama, basado en la retahíla consabida, y muestra la efusiva exageración del típico amante, y además, su impaciencia ante la insensibilidad del interlocutor que no comparte su entusiasmo. Ricardo pinta a su querida como "una por quien los poetas cantaban que tenía los cabellos de oro y que eran sus ojos dos resplandecientes soles, y sus mejillas purpúreas rosas...," etcétera. Luego prorrumpe con esto: "¿Que es posible, Mahamut, que ya no me has dicho quién es y cómo se llama? Sin duda creo, o que no me oyes, o que, cuando en Trapana estabas, carecías de sentido."[9] La actitud del amante y la frase reveladora "por quien los poetas cantaban" pone el elogio entre comillas e insinúa la idea: "éstos son encarecimientos de poetas y amantes." En el elogio de Dulcinea pronunciado por Don Quijote en *Don Quijote* I, 13, las comillas se vuelven manifiestamente irónicas y se hace patente la idea de que la retahíla consiste en hipérboles estereotipadas e imposibles: "En ella se vienen a hacer verdaderos todos los imposibles y quiméricos atributos de belleza que los poetas dan a sus damas: que sus cabellos son oro, su frente campos elíseos, sus cejas arcos del cielo..." (ed. cit., I, 176).

Termino este artículo volviendo a la paradoja que le dio origen; está implícita en una nota de Clemencín al soliloquio en *Don Quijote* I, 2. Allí trata de conciliar dos actitudes opuestas frente a este pasaje: la de Antonio Capmany y la de Antonio Pellicer. Capmany lo había incluído en su *Teatro histórico-crítico de la elocuencia española* (1786-94) como muestra de estilo armonioso

---

[8] *Comedias y entremeses* (en *Obras completas de M. de C. S.*), ed. R. Schevill y A. Bonilla, 6 tomos (Madrid, 1915-22), II, 245.

[9] *Novelas exemplares*, ed. cit., I, 139.

y noble; Pellicer, en su edición del *Quijote* (1798), opinó que el intento de Cervantes al escribirlo fue el de ridiculizar los libros de caballerías. Clemencín falla que ambos eruditos tienen razón: el primero, en cuanto a la armoniosidad del lenguaje; el segundo, en cuanto a las intenciones del autor. Pero no afronta el problema radical planteado por esta oposición de criterios: ¿Cómo es posible que una parodia sea bella? Para el neoclasicismo, el problema habría debido ser incluso más grave; según las exigencias de "la doctrina de los estilos," la elegancia elevada y la comicidad se excluyen mutuamente. A lo mejor, el lector moderno vería rebuscamiento, más bien que belleza, en el soliloquio en *Don Quijote* I, 2, y por consiguiente, conviene plantear la paradoja con relación a otro ejemplo. Me refiero a la última parte de la descripción de los dos ejércitos (*Don Quijote* I, 18; ed. cit., I, 221-22), también muy estimada por Capmany e insertada en su libro como modelo estetístico. Para mí, es un ejemplo majestuoso de "parodia de estilo alto." Cervantes ha introducido reminiscencias de la *Eneida* en el discurso, basando su período final en la repetición simétrica de una perífrasis típicamente virgiliana:[10] la identificación de un pueblo mediante alusión a los ríos y campos de su tierra de origen: "A este escuadrón frontero forman y hacen gentes de diversas naciones: aquí están los que bebían las dulces aguas del famoso Xanto; los montuosos que pisan los masílicos campos..." (ed. cit., I, 219). Y otra vez, Cervantes se hace eco de sí mismo, volviendo al tema del elogio de ríos y riberas, tratado por Elicio en el libro VI de *La Galatea* (ed., cit., II, 187). El resultado es indudablemente bello: las imágenes son líricas y nobles; se despliega un panorama majestuoso sobre campos, montes, y ríos de Arabia, Africa, España, etcétera—tierras de pueblos cuya historia se remonta a tiempos antiguos. Al mismo tiempo, la descripción es evidentemente absurda, por referirse, sin darse cuenta de ello Don Quijote, a dos rebaños de ovejas. Tanto la belleza como lo absurdo del pasaje son efectos deliberados. Al fin del discurso Cervantes hace este comento, algo parecido al juicio sobre el soliloquio del capítulo segundo: "¡Válame Dios, y cuántas provincias dijo, cuántas naciones nombró, dándole a cada una, con maravillosa presteza, los atributos que le pertenecían, todo absorto y empapado en lo que había leído en sus libros mentiro-

---

[10] vid. la descripción del ejército de Turnus en *Eneida* VII, y particularmente, las líneas 706 a 733.

sos." (I, 220). Si comparamos los dos comentos, podemos observar un cambio de matiz interesante. Ya no se nos dice en tono despreciativo "con éstos iba ensartando otros disparates...," sino que se nos invita, de modo implícito, a admirarnos de la inventiva del héroe, a descubrirnos ante "su maravillosa presteza." Claro está, Cervantes guarda una distancia irónica al hacer esta pequeña reverencia. La presteza es maravillosa, pero también es un efecto monstruoso de la locura. Se saluda al héroe como artífice del lenguaje, no como caballero andante. Para mí, hay algo de conmovedor en este pequeño gesto de reconocimiento hecho por un poeta frustrado a otro. Fue la parodia la que le permitió a Cervantes remontar el vuelo como poeta en prosa, cuando sus escrúpulos de creador "macho" le tenían cortadas las alas.

CAMBRIDGE UNIVERSITY

La antigua enfadosa suegra

MAXIME CHEVALIER

AMENTADO LA SUERTE que le promete un casamiento que la ha de desterrar de las riberas de Tajo, exclama la pastora Galatea:

> Ya triste se me figura
> el punto de mi partida,
> la dulce gloria perdida
> y la amarga sepultura,
> el rostro que no se alegra
> del no conocido esposo,
> el camino trabajoso,
> la antigua enfadosa suegra.[1]

No deja de parecer insólita la mención de la suegra en versos de una novela pastoril publicada en 1585. La suegra es una de aquellas personillas caricaturescas que invaden la literatura alrededor de 1600 y cuya irrupción masiva altera la fisonomía de las letras españolas: hidalgotes pelones, casadas infieles, cornudos pacientes, viuditas alegres, viejas, dueñas, prostitutas y rufianes, médicos matasanos, jueces y escribanos venales, sastres y zapateros ladrones, venteros engañosos, criados y picarillos de toda laya. Curiosa tarea de renovación en la cual colaboran fraternalmente prosistas y poetas de genios e inclinaciones tan distintos como Cervantes, Mateo Alemán, Lope de Vega, Góngora y Quevedo.

El personaje de la suegra evoca en seguida el nombre de Quevedo, autor del romance "Padre Adán, no lloréis duelos" y

---

[1] *La Galatea*, ed. J. B. Avalle-Arce, "Clásicos castellanos," núm. 155, p. 134.

del *Entremés del marido pantasma*. Tanto el romance como el entremés—éste en su primera parte—desarrollan los mismos temas fundamentales: la suerte de Adán, quien escapó de sufrir "suegrecita inmortal," y el paralelismo entre la serpiente del paraíso y la suegra, comparación de la cual sale ventajosa la primera. Cualquiera que sea el virtuosismo del poeta—recuérdense el *ensuegrado* del romance y el *aber-suegra* del entremés—, no se le escapan al lector las raíces folklóricas de tan brillantes variaciones. El propio Quevedo recuerda el proverbio según el cual "Más sabe una suegra que las culebras," punto de arranque de la comparación entre la suegra y la serpiente del paraíso. En cuanto a la suerte de Adán y Eva, suerte debida al no tener rivales, cuñados o suegra, es motivo folklórico que aparece en varias formas bajo la pluma de Lope de Vega y Alarcón:

ANGELA

¡Ay, Guzmán! no hallo dichosa
otra mujer que tuviese
amor, si no es Eva.

GUZMÁN

¿Cómo?

ANGELA

Porque, no habiendo mujeres,
no tuvo celos de Adán.[2]

NUÑO

¡Oh, solo dichoso Adán
casado en el Paraíso,
sin cuñado, con mujer,
y sin abuelos con hijos!
¡Oh, valiente mujer Eva,
que ni celos ni vestidos
pidió jamás![3]

REDONDO

¡Dichoso Adán, que su amor
gozó sin suegra ni tía![4]

---

[2] Lope de Vega, *El amigo hasta la muerte*, III, Acad. N., XI, p. 363a.
[3] Lope de Vega, *Más pueden celos que amor*, II, Acad. N., XII, p. 563a.
[4] Alarcón, *Mudarse por mejorarse*, II, BAE, XX, p. 109a.

y que confirma una copla recogida siglos más tarde por Fernán Caballero:

> ¡Quién tuviera la dicha
> de Adán y Eva,
> que jamás conocieron
> suegro ni suegra![5]

La mordacidad de Quevedo no había de quedar sin ecos. Juan Cortés de Tolosa traza en *Lazarillo de Manzanares* un cuadro de ultratumba de estilo quevedesco—muy inferior por cierto a su modelo—en el que un casado suplica que la Muerte se lleve a su suegra;[6] y retrata en la *Novela del nacimiento de la Verdad* una suegra de tan espantosa catadura que ahuyenta a la propia Verdad.[7] Siguiéndole las huellas a Quevedo en forma más concreta aun, el autor de las *Auroras de Diana* ha de mentar, unos años más tarde, al *ensuegro* y a la suegra más vieja que el mundo.[8]

Con tener evidentes raíces tradicionales, los sarcasmos de Quevedo y sus imitadores se apartan de la tradición en un punto esencial: únicamente se interesan por las relaciones entre

[5] Fernán Caballero, *Cantos, coplas y trobos populares*, , 140, p. 176a. Aparece la misma copla en *La familia de Alvareda*, BAE, 136, p. 174b. En el *Entremés segundo de la viuda de Diego Moreno* (E. Asensio, *Itinerario del entremés*, p. 284) aprovecha Quevedo—pero eliminando el personaje de la suegra—el cuento de *La estopa encendida*, en el cual la suegra tiene papel eficaz, aunque discreto. Véase la versión de Juan de Mal Lara:

Quien madre tiene en villa, siete veces se amortece al día

Esto se dice propiamente de las mozas de servicio que antes han sido muy regaladas y saben que en fingiendo alguna enfermedad, ha de venir su madre a hacerle regalos, que se amortece y se hace mala de corazón para que su madre, en sabiéndolo, venga a llevarla a su casa. Entenderáse también por las recién casadas, que tienen apartada casa con sus maridos y no son muy bien tratadas. Preguntado qué remedio para que no se amortezca siete veces al día, contó uno que era menester lo que hizo el otro que, como viese que su mujer se amortecía veinte veces al día con mal de corazón, y acudía luego la suegra llorando, una vez que le tomó a su mujer el desmayo, púsole un copo de estopa a los pies, pegándole fuego, y así sanó" (*Filosofía vulgar*, "Selecciones Bibliófilas," Barcelona, 1958-1959, IV, p. 47).

Sorprende el que no eche mano Quevedo de ninguno de los cuentos que desarrollan el tema de la complicidad entre suegra e hija para engañar al bueno del marido (ejemplos en la *Filosofía vulgar*, ed. cit., II, p. 171-72, y en Aurelio M. Espinosa, *Cuentos populares españoles*, CSIC, 1946-47, núm. 49).

[6] "Clásicos castellanos," núm. 186, p. 151.

[7] "Clásicos castellanos", núm. 187, p. 161-62.

[8] Pedro de Castro y Anaya, *Auroras de Diana*, "Antiguos Libros Hispánicos", C.S.I.C., 1948, p. 174-76. En la misma línea se sitúan dos cartas burlescas de Salas Barbadillo, incluidas en *Don Diego de Noche* ("Colección Cisneros", Madrid, 1944, p. 39 y 51).

suegra y yerno, relaciones que no suelen privilegiar los refranes y que no presentan como constante y forzosamente malas. Cierto que afirma el refranero que "Amistad de yerno, sol de invierno,"[9] "Al que tiene suegra, cedo se le muera"[10] y "Dulce es la muerte de suegra."[11] Pero también proclama un proverbio que "Los que no gozan de suegra, no gozan de cosa buena": bien es verdad que, según advierte Correas, "éste contradice a otros refranes de suegras en lo particular, no en lo general, por algunas buenas suegras";[12] cabe además la posibilidad de que el refrán se haya empleado en forma humorística. En materia de suegras, contrariamente a la conducta que suele adoptar cuando lleva a sus versos y prosas unas personillas que circulaban en dichos familiares y cuentos jocosos, Quevedo se aparta de la tradición de los refranes, abandonando las nueras a su poco envidiable situación y compadeciéndose únicamente, con incondicional egoísmo masculino, de los desgraciados yernos.

Incomparablemente más numerosos y expresivos son los refranes que reflejan la enemistad tradicional entre suegra y nuera, orientada en la doble vertiente de las comparaciones entre hija y nuera—"Aquella es mi nuera, la de los pabilones en la rueca; y aquella es mi hija, la que bonito lo hila," "Mi hija que hipa, de hambre está ahíta; mi nuera que bosteza, de harta está tesa," "Madre e hija caben en la camisa; suegra y nuera no caben en la tela"—y de los espinudos problemas de convivencia—"Dos tocados a un hogar, mal se pueden concertar."[13]

A Mateo Alemán le corresponde el honor de haber aprovechado por primera vez vena tan plenamente tradicional. La breve representación que traza Guzmán de su vida conyugal en Sevilla empieza con la cita de un proverbio familiar—"Dos tocas en un fuego nunca encienden lumbre a derechas"[14]—, continúa conforme a la filosofía vulgar del refranero—"Mi mujer andaba temerosa y muy cansada de tanta suegra... Si la una hablaba, la

---

[9] Covarrubias, *Tesoro de la lengua castellana*, Turner, Madrid, 1979, p. 728a.
[10] *Filosofía vulgar*, ed. cit., III, p. 174.
[11] Pedro Espinosa, *El perro y la calentura*, *Obras*, Revista de Archivos, Madrid, 1909, p. 168.
[12] *Vocabulario de refranes*, ed. Louis Combet, p. 224a.
[13] Véanse estos proverbios—y otros de idéntica intención—en Louis Combet, *Recherches sur le "refranero" castillan*, "Bibliothèque de la Faculté des Lettres de Lyon", XXIX, 1971, p. 430-31.
[14] *Guzmán de Alfarache*, II, III, 6, ed. Francisco Rico (*La novela picaresca española. I*, Planeta, 1967, p. 850). Véanse las variantes del refrán citadas *ibid.* por Francisco Rico.

otra rezongaba. De cada pulga fabricaban un pueblo. Levantábase tal tormenta, que por no volverme a ninguna de las partes tomaba la capa en viendo los delfines encima del agua; salíame huyendo a la calle y dejábalas asidas de las tocas"[15]—y concluye con la deserción de la esposa.[16]

Idéntica visión de las relaciones entre suegra y nuera había de ofrecer a sus lectores Jerónimo de Alcalá Yáñez. Menos hábil que Mateo Alemán en la construcción de un relato, y sin duda consciente de tal inferioridad, se limitó a reproducir en pocas palabras un cuentecillo tradicional que circulaba por la España de los Austrias:

> Y dé vuesa merced gracias a Dios, la dije, que no tiene suegra en casa; que aquí fuera ello, pues la mejor, con haberla hecho de azúcar, dicen algunas nueras que amargaba; y una de barro, con estar en un armario, descalabró a su nuera, queriéndola mudar a otra parte.[17]

Por los mismos años apunta el cuento Correas en su *Vocabulario de refranes*:

> *Suegra, ninguna buena; hícela de azúcar,*
> *y amargóme; hícela de barro, y descalabróme.*

Una casada sin suegra oía decir que eran las suegras malas; no lo creía, y tenía deseo de probar suegra; el marido la decía que bien estaba sin ella; por su antojo hizo una de azúcar; el marido, a excusas, la puso acíbar en ella; llegándola a abrazar y besar, hallóla amarga; dice:

—Pues ésta no salió buena, quiero hacer otra de barro.

Hecha y puesta en alto, quísola abrazar y, como pesada, cayósela encima y descalabróla, y quedó desengañada de suegras.[18]

Sabemos por una variante de la *Filosofía vulgar* que la heroína maléfica del relato podía ser la madrastra lo mismo que la suegra—identificación inquietante entre dos mujeres igualmente odiadas:

[15] *Ibid.*, p. 852.
[16] Tanto más evidente resulta el apego de Mateo Alemán a los esquemas proverbiales cuanto que unas páginas más arriba se apoya al describir los primeros tiempos del casamiento de Guzmán sobre el refrán según el cual "Los que no gozan de suegra, no gozan de cosa buena" (p. 827-28).
[17] *El Donado hablador*, I, 4, B.A.E., XVIII, p. 506b.
[18] *Vocabulario de refranes*, p. 295b. Aparece un primer esbozo del cuento en la *Floresta española* de Melchor de Santa Cruz ("Bibliófilos Españoles", p. 271).

Madrastra, madre áspera, ni de cera, ni de pasta

Esto se dijo de un caso, que fue de la que hizo la imagen de la madrastra de cera, o de pasta de azúcar, que la descalabró.[19] No conozco otras huellas del cuento. Pero verosímilmente se remonta su fe de bautismo a fechas anteriores, puesto que el refrán que lo resume aparece ya en la recopilación de Francisco de Espinosa, con la forma "Suegra, ni de barro buena."[20] Y debió el cuento alcanzar extensa difusión, puesto que el refrán presenta apreciable cantidad de variantes en la colección de Correas:

—Suegra, ninguna buena; hícela de azúcar, y amargóme; hícela de barro, y descalabróme.

—Suegra, ni de azúcar buena; nuera, ni de pasta ni de cera.

—Suegra, ni de barro buena; nuera, ni de barro ni de cera.

Suegra, ninguna buena... Una suegra, con ser peligrosa también ella, tiene un papel positivo en la tradición, la que aprisionó y ahuyentó al diablo según el lindo cuento folklórico que recogió Fernán Caballero en el campo andaluz.[21] Excepción única, que más se justifica por la inquietante personalidad del yerno que por las virtudes de la suegra. Siguiendo las sugerencias de Quevedo, Rodrigo Fernández de Ribera presenta a sus lectores una pintura en la cual la serpiente que mató a Cleopatra se metamorfosea en una vieja horrenda, quien no es otra que la propia suegra de la reina egipcia,[22] mientras que Gracián en audaz arrebato alegórico califica la Muerte de suegra de la Vida.

A todos los grandes ingenios del Siglo de Oro se adelanta Cervantes al introducir el personaje de la suegra en una obra literaria. No sorprendería el hecho si se diera en el *Quijote* o en alguna de las *Novelas ejemplares*. Pero extraña la presencia de la suegra en *La Galatea*, porque tal personilla crea una disonancia en el ambiente de la novela pastoril. O mejor dicho extrañaría si no nos hubiera enseñado J. B. Avalle-Arce que en *La Galatea* "el mundo poético" de lo pastoril se ve invadido... por la circunstancia "histórica."[23] Ejemplo que dista de ser único en la nove-

19 *Filosofía vulgar*, III, p. 194. El mismo cuento en Covarrubias, *Tesoro...*, p. 778.

20 *Refranero (1527-1547)*, Anejos del Boletín de la Real Academia Española, XVIII, p. 222.

21 *Cuentos y poesías populares andaluzas*, BAE, 140, p. 108-113.

22 *El Mesón del Mundo*, Legasa, Madrid, 1979, p. 131.

23 *La Galatea, ed. cit.*, Introducción, I, p. XXV.

la,[24] pero significativo del apego que demuestra Cervantes a la "historia," es la inesperada mención de "la antigua enfadosa suegra" por la pastora Galatea.

UNIVERSIDAD DE BURDEOS

---

[24] Hace tiempo que observó Francisco López Estrada (*La "Galatea" de Cervantes. Estudio crítico*, La Laguna, 1948, p. 148) la fugitiva aparición de Juan de Espera en Dios en versos de *La Galatea* (ed. cit., I, p. 160).